介護職が「働き続けたい」と思える職場のつくり方

富永真己 著

＼事例演習で／
変わる！
介護現場の
心理的安全性

中央法規

はじめに

「この勝利の喜びを誰に伝えたいですか？」

スポーツイベントのテレビ中継で、しばしば聞かれるこの質問に対し、勝利した選手たちが一様に「親です」と答える光景を見ながら、改めて子どもにとって、親の存在の大切さを感じます。親を大切に思う子どもの気持ちは、選手でなくても誰もが、いつの時代も抱く気持ちでしょう。その親が年老いて、自力で暮らすことが難しくなり、介護施設を探すもののなかなか思うようには見つからないといった話を最近、耳にすることが多くなってきました。

大切な親の生活を支える介護施設が見つからない背景には、介護人材の不足が影響しています。そして、その深刻さは年を追うごとに増しています。新聞や雑誌、テレビなどのマスメディアでは、介護職の賃金の低さが介護人材の不足の原因として強調されがちですが、賃金さえ上がれば、介護人材は定着するといった単純な問題ではありません。実際、介護職が仕事を辞める理由では「職場の人間関係」が大きくかかわっています。そして、職場の人間関係の問題についてはさまざまな事柄が影響するため、他の組織で成功した方法も、顔触れや風土が異なる職場や組織では、思ったほどうまくいかないものです。

職場の人間関係に関して最近、「心理的安全性」という用語が注目を集めています。「関連する考えや感情について人々が気兼ねなく発言できる雰囲気」[1]、つまり、「仕事に関連する考えや感情を気兼ねなく職場や組織の人々に発言できる雰囲気」を意味します。

「職場の話し合いで意見を言うと、非難されるのではないかと心配だ」

「職場でわからないことを質問すると、ばかにされるのではないかと不安だ」

職場でこのような思いを抱いたことはないでしょうか。

こういった心配や不安な気持ちがある時にとる、最も安全な方法は「何も言わずに黙ったままでいる」ことです。しかし、これでは人間関係をはじめ、職場の問題は解決されません。よい提案も期待できないでしょう。

本書は、この仕事に関連する考えや感情を気兼ねなく職場や組織の人々に発言できる雰囲気を指す「心理的安全性」を、介護事業所の職場で育み、そして効果的な話し合いを通して人間関係を改善し、風通しのよい元気な職場をつくることを目指

しています。そのため、次の5つの点を特徴とした構成になっています。

1つ目は、介護事業所の快適な職場づくりについて、最新の研究の知見を含め、できる限りわかりやすく丁寧に解説し、図や表も豊富に取り入れました。「心理的安全性」に関するハーバード大学のエイミー・C・エドモンドソンの著書とともに、著者が2016年から研究助成を受けて行ってきた研究※の知見とデータを主な情報源としています。

2つ目は、介護事業所で働く介護職・看護職であれば、「ある、ある」と思わず言いたくなるような職場の身近な人間関係にまつわる9事例を取り上げました。そして、職場のメンバーで「心理的安全性」を意識しながら、事例の問題を職場や組織の課題という視点で捉え、解決に向けた話し合いを行う方法について解説をしています。

3つ目は、介護事業所の人間関係にまつわるこの9事例について、再現映像を見ながらグループで話し合い「心理的安全性」を体験する職場内研修を、本書を丸ごと活用して実施できるよう工夫しました。9事例の再現映像に加え、職場内研修でそのまま使える音声付きのパワーポイントのスライドと配付資料も準備してあります。つまり、資料を新しくつくるという手間なく、本書を用いて自分たちの力で職場内研修を実施できます。

4つ目は、職場内研修の資料については、4か国語に対応しているという点です。外国人介護職の受け入れが進むなか、人材の定着の対策としての職場内研修に、日本人と同様に外国人にも参加してもらうことが望まれます。そのため事例とグループ演習の個人作業で用いる資料は、ベトナム語、インドネシア語、ネパール語、中国語の4か国語に翻訳したものを用意しました。母国語で資料を読むことで理解が深まり、グループでの話し合いでも積極的に意見を交わすことができるでしょう。

5つ目は、介護事業所の快適な職場づくりに役立つ確かな知識を、それぞれの分野で活躍する専門家から「コラム」としてわかりやすく紹介してもらいました。これらの知識は、特に本書を手にしたリーダーや主任、部長といった介護事業所の管理職の方々が、日々の職場運営に活かすことができます。

職場の風土は、多くの人たちの影響を受け、長い時間をかけて職場や組織に染みついたものです。一方、人間の本質はそう簡単には変えられませんし、仕事に関連

する考えや感情を気兼ねなく職場や組織の人々に発言できる雰囲気も、すぐに育むことは難しいかもしれません。しかし、職場の集団行動のルールは変えられます。心理的安全性を保つことを職場のルールにし、そのなかでの話し合いを実際に経験することで、職場のメンバーのコミュニケーションの姿勢も少しずつ変わります。望ましい方向へ導くことを、地道に積み重ねることで、新しい風土が職場や組織に浸透して次第に育まれていくでしょう。

　心理的安全性が職場で保たれると、スタッフは活き活きと元気に働くことができます。そして、介護事業所は活気づくことでしょう。さらに、利用者に提供するケアにもよい影響を与えます。このことは老親を心配する利用者の家族の安心感にもつながることでしょう。つまり、よい循環が起こるのです。

　本書を手にしたあなたが、もし介護事業所の職場の人間関係で悩んでいるのなら、まずは第3章の職場の身近な人間関係にまつわる9事例とその解説から読みはじめてみてください。きっと何か気づきがあるはずです。何よりも、本書を手にしたその関心や好奇心に留まることなく、職場の人たちと快適な職場づくりを目指し、行動に移す際に、本書をお役に立てていただければ幸いです。

2022年8月

富永真己

※研究助成について
・2016年〜 2018年度科学研究費補助金（基盤B「HWO モデルを用いた地域包括ケアシステムの施設の組織特性と組織の健康に関する研究」（16H05612）：研究代表者：富永真己）
・2019年度三井住友海上福祉財団研究助成（高齢者福祉「高齢者福祉施設の介護職の定着促進を目指した職場支援プログラムの開発と有効性の検証」：研究代表者：富永真己）
・2020年〜 2022年度科学研究費補助金（基盤B「介護職の定着を目指した職場環境改善の支援プログラムの開発と介入研究による効果検証」（20H04028）：研究代表者：富永真己）

第 **4** 章 職場内研修で学ぶ、「心理的安全性」と「効果的な話し合い」のコツ

第 **5** 章 やってみよう！「心理的安全性」を保ち、「効果的な話し合い」を学ぶ職場内研修

第 6 章　職場を元気にするリーダーシップ

第 1 章

なぜ、介護職は
辞めてしまうのか？

1 介護職が辞める理由は「待遇」だけではない？

　介護人材の求人が雑誌や新聞広告、インターネットなど至るところで見られる状況が当たり前になりました。言うまでもなく、国内では介護人材が不足する状況が続いています。しかも、介護人材の不足は今後、さらに加速するでしょう。背景に高齢化が進み、介護を必要とする人が増え、介護人材の供給が追いつかない状況があるのです。

　厚生労働省は2025年末までに年間6万人程度の介護人材の確保が必要で、それ以降も高齢者の数は2042年まで増加すると予測しています[2]。一方で介護福祉士養成施設（介護福祉士養成のための学校）では、とくに新卒者の入学者数が伸び悩み、過去5年間の養成施設全体の入学者数は、定員の50％前後で推移しています[3]。つまり、介護の仕事を目指す人の伸び悩みも、国内の介護人材の不足に拍車をかけているといえます。

　介護職の離職率は、実は年々減少しています。介護労働安定センターの直近の報告では、介護職の離職率はこの15年間で最も低いレベルでした[4]。これは、全産業の平均の離職率よりもわずかに低く、また宿泊業・飲食サービス業の約半分のレベルです。つまり、介護職の離職率については深刻なレベルではないものの、高齢者の数が増え続けるなかで介護人材の需要も増え、その担い手が足りなくなってきているといえます。そのため、少なくとも現状の人材が介護業界から去らないための対策と、新たな人材を育成し受け入れる対策を講じる必要があるのです。

　介護職が仕事を辞める理由は、低い賃金や体力が必要なきつい仕事であるためだと思われがちです。しかし、実際には、過去3年の調査では「職場の人間関係」と「結婚・妊娠・出産・育児」が、介護職が仕事を辞める二大理由として固定しています[5]-[7]。介護職の賃金については、確かに課題は残ります。しかし、仕事を辞める二大理由にあげられない背景には、国の介護職員の処遇改善等の取り組みによる一定の効果があると考えられます。国や介護労働安定センターの報告では、介護職の賃金は改善しつつあり、調査が開始されてから最も高いレベルであることが示されています[8]-[10]。一方、「仕事内容のわりに賃金が低い（38.6％）」というのは、介護職の労働条件・仕事の負担についての悩み、不安、不満等の回答で、「人手が足りない（52％）」に次いで2番目に多く、これらは依然、介護職の悩みや負担で

あることに違いありません[11]。

　しかし、賃金だけでなく、結婚・妊娠・出産・育児といった個人の出来事について、個別の介護事業所が対策を行うことは、経営の面からも限界があります。そのため、介護事業所は、職場の人間関係の改善とともに、介護職が将来の見込みややりがいを感じ、長く働くことができるよう、職場環境の改善に取り組むことで、介護人材の離職防止や定着に努める必要があるといえます。

　仕事を辞めた介護職は、その後はどのような仕事に就きたいと思っているのでしょうか。実は、介護職を対象とした調査結果では、仕事を辞める時に8割以上の人が「介護職に再就職したかった」と回答しています[12]。また、別の調査結果でも、介護職の6割が「今の勤務先で働き続けたい」と回答しており、しかもその割合は4年連続で増えていました[13]。

　この背景には、介護職が介護の仕事を肯定的に捉えていることが関係していると考えられます。ある調査では「今の仕事や職場に対する考え方」について「利用者の援助・支援や生活改善につながる（43.7%）」「専門性が発揮できる（37.7%）」「仕事が楽しい（29.7%）」が順に多かったと報告されています[14]。これらは、いずれも仕事に対する前向きな内容です。さらに別の調査では、実に9割以上の介護職が高い「働きがい」を感じていることが明らかにされています[15]。

　筆者の行ったインタビュー調査では、介護の仕事を選び、続けている理由を介護職のリーダーの立場の人たちが次のように語ってくれました[16]。その一部を紹介します（表現を標準語に変えています）。

> Aさん 「私よりも何年も何年も生きてきて、長く生きてこられて、いろんなことを経験してこられた人が、最期をここで迎える。その最期の時間を、ここでどう過ごすのだろうということに、自分はすごく興味があって。最期をどう過ごしていくのか。そこに、何か『施設だから、こういう亡くなり方しかできない』とかじゃなくて、じゃあ、その人が大事にしていたものとか、大事にしていた人とか、環境の中で、その人らしく最期を迎えるために、自分は何かをしたいなと思ってこの高齢者の施設に就職したので」
>
> Bさん 「やっぱり利用者さんも、やっぱりいいんですけど、家族さんから、『あなたには、お世話になった』って、すごく感謝されたということも、すごく力になったかなぁというのはあります」
>
> Cさん 「けっこう面白いじゃないですか。何かたまに、肌を『生地』って言われて。『あんた、ええ生地してるなあ』とか、けっこう言われて。『生地って何だろう？』と思って。昔の言葉も分からなかったので、『おべべがなあ』とか。

何かそういうのも、ちょっと勉強できたりだとか。昔の話を聞けたりだとか」

　介護職がこのように、仕事に対する愛着ややりがいをもって支援をすることで、利用者である高齢者はもちろんのこと、その家族が抱く安心感や信頼感、安堵感は計り知れないものになります。裏を返せば、やりがいややる気を失った介護職を目にすることで、利用者や家族は、不安や申し訳ない気持ちをより強く抱くことでしょう。

　一方、現状は多くの介護事業所が人手不足にあります。そのため多くの介護職は、体力の要る生活支援の業務を、さらに過密なスケジュールのなかでこなさなければならず、業務の質よりも、時間通りに仕事をこなすことで精一杯になることも少なくありません。このような状況は、心身の負担が増すだけでなく、勤務のシフトの希望や年次有給休暇の取得も難しくさせます。これらのことが影響し、仕事のやる気も萎え、介護職は仕事を続けていく気力を失っていくことが考えられます。

3 必要なのは職場環境と人間関係の改善

　介護職が仕事に愛着ややりがいを感じながらも、やる気が萎えてしまったり、仕事を辞めてしまったりしないようにするには、どのような対策を講じたらよいでしょうか。この点については、多くの介護事業所が悩んでいることと思います。しかし、介護職の人手不足はそう簡単に解決できるものではありません。また、職場環境や人間関係の改善も簡単ではなく、即効策や万能策といえるものはありません。ただし、介護職が仕事から去る二大理由のなかで「人間関係」とそれに深くかかわる「職場環境」の改善は、必要不可欠な対策といえるでしょう。そして、その対策には「効果的な話し合い」が重要な役割を果たします。

　当たり前のように聞こえるかもしれませんが、この当たり前の「話し合い」が、人材に余裕のない現場ではおざなりになり、職場環境や人間関係の問題が放置されたままであることも少なくありません。その結果、介護職のやる気が萎え、仕事を続ける意欲が失われてしまいます。反対に、職場環境と人間関係に助けられ、人手不足の状況でも仕事への愛着ややりがいを失うことなく、仕事を続ける気持ちを維持できることもあります。その状況について、筆者が行ったインタビュー調査のなかで、介護職が語ってくれた内容の一部を紹介します[17]（表現を標準語に変えています）。

> Dさん　「（職場では）コミュニケーションもすごくよくて。精神的にも、肉体的にも、仕事自体はしんどいものでしたけど、でも、同期がすごく多かったので、そんな辞めたいという気持ちが、その時、出なかったんです。もう、ほんとうに仕事はしんどいものだったんですけど。だから、一緒に働く人っていうのは、すごく大事だなって。それでたぶん結束力もすごくあったので」

　一方で、医療・福祉の現場では、職場環境や人間関係の問題について、他の職場で成功した取り組みをそのまま取り入れても、うまくいかないことがあります。例えば、筆者が離職防止対策にかかわる組織では、次のようなことがありました。

　そこでは、職員のやる気を上げ、人間関係を改善するために、他の組織でとても

効果があったという「サンクス・カード」を取り入れました。これは日常業務のなかで、支援や協力をしてくれたことに対し、感謝したいと思った職員が、その相手に「サンクス・カード（感謝のカード）」を手渡し、もらったカードの枚数が多かった職員を定期的に表彰するというものでした。しかし、カードを渡したり受け取ったりする行為に対して、めんどうだ、人に媚びるようだ、といった否定的な感情を抱く職員もいて、結局、普及しなかったということでした。

　この事例からもわかるように、他の組織で成功した方法も、顔触れや風土が異なる職場や組織では、そのままの形で取り入れても、思ったほどうまくいかないものです。つまり、自分たちの職場や組織に合った形に修正することを抜きにしてはならないのです。このことは、介護事業所も例外ではありません。そのため、職場環境を改善するための新しい取り組みを展開する際には、その組織のなかで、立場や職種などが異なる人たちを含めて、自由闊達な意見を交換できる「話し合い」がとても大切です。その過程を通して、自分たちにピタリと合う解決策を探ることができ、納得して結果を共有し、実行に移すことができるのです。

　しかし、介護事業所に限らず、多くの職場での話し合いでは、意見を言いづらかったり、わからないことを質問しづらかったりする状況があります。話し合いの雰囲気から、意見を言うと非難されたり、わからないことを質問するとばかにされたりするかもしれないという、人間関係での不安を参加者が抱くためです。人前で恥をかいたり、いやな顔をされたりして傷つかないようにするには、黙ったままでいることがいちばん安全なのです。そのため、よい考えがあっても誰も何も言わない、形だけの「話し合い」になってしまいます。このような話し合いでは結局、何の問題も解決しないため、話し合いを始める前から参加者は諦めの気持ちでいるかもしれません。

　では、職場で起こった問題を解決するためには、どのような話し合いであれば、参加者が皆、仕事に関連する考えや感情を気兼ねなく職場や組織の人々に発言できるでしょうか。このことについて事例を１つ紹介します。

　勤務して２年目の20歳代の看護師Ａさんは、ある日、あやうく事故につながりそうな失敗をしてしまいました。大事には至らなかったのですが、Ａさんはその失敗について報告書を職場に提出しました。そして、自分が起こしたことを思

い返し、落ち込んでいました。職場の上司であるＢさんは、落ち込んでいるＡさんに、自分も他のメンバーも誰でも失敗することがあることを認め、そのうえでＡさんに今回の失敗を振り返り、職場のメンバーに報告してほしいと伝えました。目的は、同じような失敗を繰り返さないよう、今回の事例を通して職場のメンバーに学んでもらうことでした。また、仕事上の失敗を報告することで、Ａさんが他のメンバーから失敗を非難されたり、責められたり、能力がないなどとみられないよう責任をもって守ること、話し合いにおける安全な職場環境づくりに努めることを伝えました。このことを聞いてＡさんは、上司のＢさんの提案を受け入れました。そして、Ａさんと他のメンバーは、職場で事故につながりかねない失敗を防ぐにはどうしたらよいかについて、積極的に話し合うことができ、多くを学ぶことができました。また、上司のＢさんは、話し合いの後で、Ａさんの失敗について噂話として他で話すことがないよう、職場のメンバーに伝え、守ってもらいました。

　実は、看護師のＡさんは、最初は自分の失敗について、上司のＢさんから職場内で共有しようと提案された時は、「かなりいやだなあ」と思っていました。しかし、上司のＢさんからＡさんを「守るよ」と言ってもらえたことで、前向きな気持ちで話し合いに取り組むことができたのでした。Ａさんは「おそらくこの言葉がなければ、今でも当時のことを、後ろ向きに捉えてしまっていたと思います」と振り返り、上司のＢさんのリーダーシップのすばらしさを語ってくれました。

　もしも、この話し合いの場がなければ、今回の失敗は、職場においてＡさんの個人的な失敗として扱われ、Ａさんにとっては「苦い経験」に終わっていたかもしれません。しかし、上司のＢさんのリーダーシップのおかげで、Ａさんも他のメンバーも、心理的に安全な環境で話し合いができ、医療やケアを提供する職場環境について、改めて学習する機会をもつことができました。それだけでなく、職場の誰もいやな思いをすることなく、前向きな気持ちになれたのです。

第 2 章

介護の職場環境を左右する
「心理的安全性」

「心理的安全性」とは？

1 失敗から学ぶ職場に必要な心理的安全性

　第1章（p.7〜8参照）で紹介した看護師のAさんの例では、Aさんに対して上司であるBさんは、まず、「自分も他のメンバーも失敗する」ということを認めました。そのうえで、Aさんが話し合いの場で、あやうく事故につながりそうな失敗を起こしてしまったことを、職場のメンバーに報告するようお願いしています。話し合いの目的は、「同じような失敗を繰り返さないよう、今回の事例を通して職場のメンバーに学んでもらう」というもので、Aさんや他のメンバーにきちんと伝えられました。一方で、上司のBさんは、Aさんが他のメンバーからばかにされたり、失敗を非難されたり、責められたりすることがないよう、Aさんを守り、心理的に安全な話し合いの環境を保つよう努めました。またBさんは、話し合いの後で、Aさんの失敗について、噂話として他で話すことがないよう職場のメンバーに伝え、守ってもらいました。その結果、職場のメンバーの誰も責められたり、傷ついたり、心配したりすることなく、皆が積極的に発言し、失敗から多くを学ぶ機会となりました。

　このような「仕事に関連する考えや感情を気兼ねなく職場や組織の人々に発言できる雰囲気」が、人間関係を含む職場環境の改善のための話し合いには必要不可欠です。その雰囲気により、失敗を正直に報告することができ、その経験から学び、同じような失敗や危険を未然に防ぐための対策を考えることができます。そして、そのような雰囲気の職場では、話し合いによって新しい提案や情報共有が有意義に行われ、メンバーは活き活きと働くことができます。

　わからないことを率直に質問しても、そのことで恥をかいたり、いやな顔をされたり、ばかにされたりする恐れがないと、職場・組織のメンバーが感じている環境をハーバード大学の心理学者であるエイミー・C・エドモンドソンは「心理的安全性」として、次のように定義しています。

「『心理的安全性』とは関連のある考えや感情について人々が気兼ねなく発言できる雰囲気を指す」[18]

「『心理的安全性』とは、率直に発言したり、懸念や疑問やアイデアを話したりすることによる対人関係のリスクを、人々が安心してとれる環境のことである」[19]

　心理的安全性が保たれた職場では、メンバーはわからないことを質問してばかにされたり、失敗をして非難されたり、責められたりすることはありません。他の人の考えについて意見を述べても、反対論者に見られたりする心配もありません。また、仕事で疑問や心配があっても率直に言えず、問題があっても無関心を装って、何も言わなくなるといったこともありません。そのため、スタッフやリーダー、部長や経営者といった立場や、介護職や看護職、事務職といった職種などにかかわらず、皆が安心してわからないことを職場で質問し、失敗をしても隠さず報告することができます。仕事上のさまざまな考えや知恵を恥ずかしがらずに発言することができるため、皆が活き活きと働くことができます。

　実際、仕事に関連する考えや感情を気兼ねなく職場や組織の人々に発言できる雰囲気（心理的安全性）は、仕事を辞めようという思いや心の健康、さらには自発的に仕事に取り組む熱心さ（ワークエンゲージメント）に対してよい影響をもたらすことが報告されています[20]。

　Google社が数年かけて行った研究では、あるチームが他のチームよりも高い実績を上げる理由として、心理的安全性が群を抜いて重要な要素であることが明らかにされています[21]。ずば抜けて優秀で有能な社員でさえも、そのもてる力を実際の職場で役立てるには、仕事に関連する考えや感情を気兼ねなく職場や組織の人々に発言できる雰囲気（心理的安全性）が必要不可欠なのです。

　しかも、心理的安全性のよい影響は、自国の従業員よりも外国からの移民の従業員に対してのほうが大きいことが報告されています[22]。この点は、外国人介護職が増加する日本の介護事業所も注目すべきでしょう。つまり多数派よりも少数派の人々に、仕事に関連する考えや感情を気兼ねなく職場や組織の人々に発言できる雰囲気（心理的安全性）が、特に重要なのです[23]。介護事業所では、年齢や資格、経験、出身地や国籍など多様な背景をもつ人たちが、職場のメンバーとして働いています。どの職場でも少数派になってしまうと、なかなか職場では意見しづらいも

のですが、そのことは主任や部長といった管理職の人たちからは見えにくく、気づかないことが多いのです。反対に、少数派のメンバーも気兼ねなく意見できる職場は、やる気や満足度を上げるといった、個人にとっても組織にとってもよい影響をもたらします。

② 職場で心理的安全性を保つための 3つの重要なポイント

　では、職場で「心理的安全性」を育み、保つためには何が必要とされるでしょうか。ここでは3つの重要なポイントを挙げます。

　まず、1つ目の重要なポイントは、職場や組織のメンバーが仕事の意味や意義を捉え、組織の理念や職場の目標を分かち合っているということです。先に紹介した看護師Aさんの例では、Aさんはあやうく事故につながりそうな失敗をしてしまいました。患者の療養上の世話や診療の補助を業務とする看護師においては、患者にとって安全で安楽な環境と安心できる療養生活への支援は、職業人として求められる責務です。そのことを踏まえて上司のBさんは、組織の理念や職場の共通の目標から、Aさんの失敗を職場のメンバーと共有し、学ぶことで、メンバー全員が成長すると考え、活かそうとしたのです。

　2つ目の重要なポイントは、職場のメンバーが互いに信頼し、敬意を払うことです。ここでいう信頼と敬意とは、単に個人と個人の関係で終わるものではありません。看護師のAさんと上司のBさんが互いに信頼している場合は、職場の話し合いのなかでAさんが上司のBさんと異なる意見を言ったとしても「上司のBさんに嫌われたり、攻撃されたりしない。後でわだかまりが残る心配はない」と思うことでしょう。また、意見する時は敬意を払うでしょう。この場合、たしかに2人は信頼し合い、敬意を払っているといえます。しかし、これはあくまでも2人の間に限られてしまいます。

　もし、上司のBさん以外の職場のメンバーについて、Aさんが信頼し、敬意を払う気持ちがあまりない場合は、Aさんは話し合いの場で何も言わない可能性があります。あるいはAさんは、「意見を言うと、職場のメンバーに非難されたり、見下されたりするかもしれない」と思うことでしょう。そうなると、話し合いでは活

発な意見交換は行われないでしょう。また、尖った発言でメンバー同士が傷つけ合うものになってしまうかもしれません。

　ここでの話し合いでは、看護師のＡさんと上司のＢさんとの関係だけでなく、話し合いの参加者全員が、「周りと違う意見を言っても嫌な顔をされない・しない」と感じ、職業人として自覚と責任をもって信頼し合い、発言に対し敬意をもって受け止め、意見交換ができる状態が必要なのです。あやうく事故につながりそうになった失敗を繰り返すことがないようにしようという職場の共通の目標があり、職場のメンバー同士で信頼し、敬意を払うことができる状態だからこそ、心理的安全性を保つことができるのです。

　３つ目の重要なポイントは、利用者に対し、身体的・精神的に悪影響を及ぼすような、とうてい許されない言動や行動といった、職業人や組織のメンバーとして明らかに違反するようなふるまいについては、「非難されても仕方がない行為」として、毅然とした対応をとることです。エドモンドソンは、これを「明らかな違反に制裁措置をとる」と表現しています[24]。例えば、介護事業所において、利用者への身体的・心理的な暴力行為は、絶対にあってはならないふるまいです。職場の同僚や部下、他のメンバーに対するいじめや身体的・心理的な暴力や、仕事上の重大な虚偽報告なども同様です。職業人として、また組織のメンバーとして、絶対に認められないですし、認めてはいけないことです。行為者にはしっかりと容認できないことを伝え、それぞれの組織の規則に従って対応する必要があります。

　なぜなら、介護事業所で利用者への暴力や仕事上の重大な虚偽報告といった倫理的に問題のあることに対して、寛容な対応をとることで、仕事の質を下げることはもとより、利用者や家族、職員の不信感をもたらし、心理的安全性を損ねることになるからです。それだけでなく、介護事業所の理念や職業上の倫理観にも悪い影響を及ぼします。一つ間違えれば、利用者やスタッフの健康や命までも脅かしかねない事態になります。そのため、明らかに組織のメンバーとして、職業人として、非難されても仕方のない行為や明らかな違反については、毅然とした対応がなされるということを、職場の誰もが承知していることが大事です。

3 心理的安全性を保つために重要な役割を果たすのは管理職のあなたです

　看護師のAさんの事例で、Aさんの上司であるBさんのふるまいからもわかるように、仕事に関連する考えや感情を気兼ねなく職場や組織の人々に発言できる雰囲気（心理的安全性）は、単なる職場の個性ではありません。職場を運営するリーダー（管理職）が生みだすことができ、また生みださなければならない特性なのです。そのため管理職は、先に紹介した「職場で心理的安全性を保つための3つの重要なポイント」を理解し、実践してもらうよう職場のメンバーに働きかけることが必要です。その務めが管理職にはあるのです。もしもあなたが現場のリーダーや主任、部長などの管理職であれば、あなたの務めなのです。

　では、職場で問題に直面した時、管理職の務めとして、どのような働きかけをすればよいでしょうか？　エドモンドソンが示すリーダーの「方法の一式」（ここではtool kitを"方法の一式"と訳しています）[25]を参考に、先に述べた心理的安全性を保つための3つの重要なポイントに沿って、管理職の務めを以下の表に整理しました。

表1 ● 心理的安全性を保ちながら職場の問題を解決するための管理職の務め

心理的安全性を保つための 3つの重要なポイント	職場の管理職の務め
1：組織や職場のメンバーが仕事の意味や意義を捉え、組織の理念や職場の目標を分かち合う	**土台づくり**：職場の問題について、メンバーに共通の目的と認識をもってもらうため、問題の枠組みをはっきりさせる
2：職場のメンバーが互いに信頼し、敬意を払う	**参加しやすい話し合いの場づくり**：お互いに信頼し、敬意を払い、傾聴し、発言し、質問できる話し合いの場をつくる
3：職業人や組織のメンバーとして明らかに違反するようなふるまいには、毅然とした対応をとる	**適切な職業人としての対応**：失敗から学び、発言に感謝し、職業人としてやってはいけないことや違反については、毅然と対応する

資料：エイミー・C・エドモンドソン、野津智子訳『恐れのない組織――「心理的安全性」が学習・イノベーション・成長をもたらす』英治出版、pp.191-208、2021年を参考に筆者作成

　１つ目に、管理職は、メンバーが職場の問題について解決するための職場の「土台づくり」をしなければなりません。具体的には、仕事の意味や意義を捉え、職場の目標や組織の理念を踏まえて、問題解決に向け、メンバーに共通の目的と認識をもってもらう必要があります。そのため、問題の枠組みをはっきりとさせることが大切です。第１章（p.7〜8参照）で紹介した看護師Ａさんの事例であれば、「同じような失敗や危険を未然に防ぐ」という枠組みで話し合い、安全で安心なケアの提供を目指していました。

　２つ目に、「参加しやすい話し合いの場づくり」として、管理職はメンバーが互いに信頼し、敬意を払うよう、話し合いの場の雰囲気をつくることが必要です。先の事例では、上司のＢさんは、Ａさんが失敗を非難されたり、責められたり、ばかにされることがないよう、Ａさんへの配慮とともに、職場のメンバーとの話し合いの場での、心理的安全性に注意を払っていました。さらにＡさんの失敗の報告は、職場のメンバーが学習するためのもので、話し合いの後で噂話として他で話すことがないよう職場のメンバーに伝え、守ってもらいました。

　３つ目に、管理職は「適切な職業人としての対応」を呼びかけなければなりません。看護師のＡさんの事例では、上司のＢさんは、Ａさんの失敗は誰にでも起こる可能性があるため、その失敗から学ぼうとメンバーに呼びかけていました。一方、もしＡさんが自分の失敗を隠したならば、そのことで、今後さらに重大な失敗を招いてしまうかもしれないため、毅然と対応することが必要です。そのことで、安全で安心なケアの提供を守るのです。

　ここで注目すべき点は、心理的安全性を保つための３つの重要なポイントは、互いに影響し合う特性であるということです。職場の心理的安全性が保たれた環境で、メンバーが「失敗から学ぶ」ことを後押しします。つまり、失敗は個人の不名誉な経験に留まるのでなく、誰もが起こす可能性があるため、自分たちの仕事を振り返り、同じような失敗を繰り返さないように学ぶ必要があります。それゆえに、失敗を責められたり、ばかにされたりするといった不安や恐れを抱く必要がない職場の雰囲気が大切なのです。しかし、失敗から学ぶことは、「失敗を大目に見る」ことでも「同じ失敗を繰り返しても簡単に容認される」ということでもありません。特に医療・保健・福祉分野での対人援助サービスは、対象者の健康や幸福、尊厳、命にかかわることから、仕事上の失敗はそれらに影響します。したがって、失敗に気づき、率直に認め、隠すことなく共有し、失敗を振り返って改善しなければなり

ません。このことで、次の成長や学びに活かすことができます。このような歩みこそ、対象者の健康や幸福、尊厳、命にかかわるケアの改善につながるのです。

　そして、この「失敗から学ぶ」ことが、職場の目標や組織の理念につながっていることを職場のメンバーが理解している必要があります。先の事例のBさん（看護師Aさんの上司）は、そのことを理解していました。そのため、話し合いの目的として、同じような事故につながりかねない失敗を繰り返さないよう、Aさんの事例を通して職場のメンバーに学んでもらおうとしたのです。職場を運営する管理職は、このような役割を通して、職場の目標や組織の理念の達成を目指すことが必要です。

　しかし実際には、介護事業所のリーダーや主任をはじめ管理職の多くは、実務もこなさなければならない場合が多く、これらの役割を一手に引き受けることが難しいことも少なくないでしょう。そのため、リーダーや主任といった管理職に導かれるまでもなく、職場のメンバーの一人ひとりが、仕事に関連する考えや感情を気兼ねなく職場や組織の人々に発言できる雰囲気（心理的安全性）を意識し、維持できる職場を目指すことが近道といえます。そのための具体的な方法については、本書の第3章以降で詳しく紹介します。

④ 心理的安全性とともに大切な「仕事ぶりの基準」

　先の事例では、上司のBさんがリーダーシップを発揮したおかげで、職場のメンバーは理性的になることができました。そして、看護師Aさんのあやうく事故につながりそうになった失敗は、職場の誰でも起こす可能性があり、未然に防ぐ方法についてメンバー同士で話し合い、理解することができました。「失敗してしまったAさんが悪い」といった個人的な感情や思いは脇におき、ケアの安全性を脅かすような失敗を繰り返さないために、職場での対策について前向きに話し合うことができました。

　このような個人にとっても職場にとっても意義ある結果となった背景について、もう少し考えてみましょう。ここでカギとなるのが、心理的安全性に加えて、「仕事ぶりの基準」です（エドモンドソンは"Performance Standards"と表現して

います[26]）。図１の①は、看護師Ａさんの状況が当てはまります。職場のメンバーが仕事について意見しても、「非難されたり、ばかにされたりするかもしれない」という人間関係の不安や恐れがない職場環境であるだけでなく、「仕事ぶりの基準」も高い職場です。このような環境では、Ａさんのようにメンバーは職業人としての自覚をもち、仕事上の失敗についても説明することで責任を果たそうとします。事故につながりそうな失敗も学びの機会と捉えて報告することで、他のメンバーも失敗から学び、よりよい仕事をしようとします。このことでメンバーは仕事へのやる気や意欲が刺激され、職場も活性化します。

　図１の②も、仕事について職場のメンバーが意見しても、「非難されたり、ばかにされたりするかもしれない」という不安や恐れがない職場環境です。しかし、介護職としてケアの質を高め、さらなる業務の改善を目指すといった「仕事ぶりの基準」は低い職場です。このような職場の場合は、メンバーの居心地はよいのですが、「目の前の利用者へのケアを同じやり方で、淡々と作業としてこなす」だけで、介護職としての成長や充実感も、職場の発展性もあまり期待できない状況ともいえるでしょう。

　また、図１の③は、職場のメンバーが仕事について意見すると「他のメンバーから非難されたり、ばかにされたりするかもしれない」といった人間関係での不安

図１● 心理的安全性と仕事ぶりの基準の関係

資料：Edmondson, A., *The Fearless Organization : Creating Psychological Safety in the Workplace for Learning, Innovation, and Growth*, Wiley, p.18, 2019. を参考に筆者作成

や恐れを抱く、居心地の悪い職場です。それにもかかわらず、介護職として高いケアの質や業務の効率化や改善を目指すなど、「仕事ぶりの基準」が高いため、介護職はビクビクするでしょう。日々の仕事で失敗や失態をしてしまった時には、報告すると非難されるかもしれないという不安や恐れを感じることでしょう。

図 1 の④は、職場のメンバーが仕事について意見すると「他のメンバーから非難されたり、ばかにされたりするかもしれない」といった人間関係での不安や恐れを抱きかねない、居心地の悪い環境です。また、介護職として高いケアの質や業務の効率化や改善といった「仕事ぶりの基準」も低い職場です。そのため、ケアの質や効率の悪い仕事についても、特に誰も問題とみなさず、話し合いで意見を言わなくても気にされないでしょう。このような職場では、異なる意見や提案をすると「仕事が増える」と非難されたり、「つまらない提案だ」などとばかにされたりするかもしれないため、介護職は職場の問題やよい提案ですら無関心を装います。そのため、仕事を決まりきったやり方で淡々とこなすような、活気のない職場になってしまうでしょう。

5 心理的安全性についてよくある誤解

これまで説明してきた職場の心理的安全性は、メンバーが自然と仲良くなることや、ただ居心地がよい状況を指すものではありません。また、自分の思いのまま感情を職場のメンバーにぶつけることでも、ため口で話すことでもありません。職場の心理的安全性とは、メンバーが率直に仕事についての考えを伝えることができる雰囲気が保たれた職場環境であるということです。

時には、自分の意見と真逆のことを望ましいと考えているメンバーがいて、話し合いで対立することもあります。しかし、対立しても、仕事の意味や意義を捉えて職場の目標や組織の理念を分かち合い、話し合いの目的を理解し、相手に敬意を払いながら意見を伝えれば、話し合いで対立して自分の意見を否定されても、不信感をもってしまうことはないでしょう。仕事での話し合いで、意見が食い違い、相いれない時も、互いが共感したり、賛同できる部分があればそのことを伝え、互いのよさを認め合うことができるのです。なぜなら、最終的な目標は同じだと理解して

おり、敬意を払ってもらえているからです。このことからもわかるように職場で仕事の難題に直面した時に、メンバーが互いに協力し、職業人として学び、成長するためには、「心理的安全性」はなくてはならない職場環境の条件といえるでしょう。

　一方、心理的安全性を職場で保つためには、職場のメンバーの間で必ずしも強い結束力がなければならないというものではありません。結束力は大切ですが、強すぎると違う視点や異なる考えをもつ人を排除してしまう可能性があり、職場のメンバーの積極的に意見する気持ちを弱めてしまう可能性があるためです。非難や叱責ではなく、さまざまな意見や失敗を話し合うことができる雰囲気を、職場環境で保つことが大事なのです。

　しかし、このような雰囲気は、メンバーが個人的に頑張ってもつくれるものではありません。職場のメンバーが互いに協力して、つくり上げることができるのです。そのため、日常的に職場の目標や組織の理念を意識し、心理的安全性を保ちながら、話し合いで積極的に意見を交わし合うような職場の風土づくりが必要です。そのような風土があれば、仕事での困難や課題に直面した場合も、職場のメンバーが失敗から学んだことを活かして、困難や課題に対し、職場にピタリと合う解決策を導くことができるでしょう。

　メンバーが仕事に関連する考えや感情を気兼ねなく職場や組織の人々に発言できる雰囲気が備わっている介護事業所では、職場のコミュニケーションが活発になると期待できます。職場のコミュニケーションの活性化は、介護職の離職を防ぐための有効な方法と報告されており[27]、その意味では、介護職の定着も期待できます。では、介護事業所では、どのような状況で心理的安全性が必要になるでしょうか。さまざまな場面が考えられますが、ここでは想定される具体的な例をいくつか挙げてみましょう。

　まず、先に紹介した看護師Aさんの事例と同様に、あやうく利用者の事故につながりそうな失敗を起こした場合や利用者が転倒や怪我をした場合が考えられます。心理的安全性が保たれている職場では、メンバーは正直にこの出来事を報告することができるでしょう。そして、あやうく事故につながりそうな失敗や事故については、誰でも起こす可能性があることを理解し、職場や組織全体の課題として話し合われるでしょう。一人ひとりのメンバーが職業人としての自覚と責任をもって発言するため、その失敗や事故にどう取り組むべきか、建設的な対策を導くことができます。また、介護職をはじめ職場のメンバーの不安を減らすだけでなく、組織の安全衛生管理の強化にもつながります。

　別の例としては、利用者による暴力や性的いやがらせ（セクシャル・ハラスメント）が発生した場合が考えられます。暴力や性的いやがらせの事例は、一部のメンバーや利用者の個別の問題として扱われがちなため、報告することを躊躇したり、結局、被害を受けた人が我慢するしかないという状況になってしまうかもしれません。心理的安全性が保たれた職場であれば、個別の問題でなく、性別や年齢、職位にかかわりなく、メンバーが自分事として考え、話し合いの場で率直な意見を述べることができるでしょう。また、職場の目標や組織の理念という視点から、さまざまな職種や職位の人たちからの活発な意見が期待できるでしょう。「認知症の利用者なので理解してほしい」「ご家族も受け入れ先がなくて困っている」といった事情で暴力や性的いやがらせを受けた人に我慢を強いるだけで終わることなく、被害にあってしまった場合にケア従事者はどうふるまうべきか、また被害にあった人の心のケアについて、職場や組織でどう支援するべきかといった、いろいろな角度か

らの現実的な対策の提案が期待できるでしょう。

　また、別の例として、職場の人間関係の問題が起こった場合が考えられます。例えば、職場で同僚や先輩からの敬意のかけらもない言動や乱暴なふるまいに悩む時に、上司に相談しても「あの人もいいところはあるよ」「実は気のいい人なので許してあげて」などと問題の本質を煙にまかれることがあります。「相談者が些細なことに過敏に反応しすぎている」というように、個人的な問題として扱われてしまい、結局は何も解決しないといった状況があるかもしれません。

　しかし、心理的安全性が保たれた職場環境で話し合いをもつことができれば、上司の偏った考えで判断されることはなく、メンバーの一人ひとりが自分事として、仕事の目標や職場の理念という視点から考えることができるでしょう。そして、問題の本質である「ケア従事者として、職場のメンバーとして、あるまじきふるまいを正す」ことについて、話し合いの場で活発な意見交換がされるようになります。それにより、職場にピタリと合う解決策の提案も期待できるでしょう。

　さらには、職場で問題として扱われる事柄ばかりでなく、職場の強みと考えられる事柄を強化するためにも、心理的安全性が有効であると考えられます。例えば、介護の仕事を始めるきっかけとなった出来事や思い、利用者やその家族との間での心に残る出来事、また、ふだんはあまり目にする機会がないメンバーの心のこもったケアなどについて、心理的安全性が保たれた話し合いの場であれば、照れや不安から解放され、職場で共有することができるでしょう。そのことで、改めて職場のメンバーの思いや考えを知り、互いが認め合い、尊敬の気持ちを抱く機会になります。仕事に誇りを感じたり、やる気をもたらす機会にもなることでしょう。

　つまり、心理的安全性が保たれた職場では、仕事に注力でき、介護現場での仕事がやりやすくなります。安心感や、仕事のやりがいを感じる機会も増えるでしょう。

3 快適な職場づくりの5つのポイント

　心理的安全性は、職場で仕事の難題に直面した時に、メンバーが互いに協力し、仕事を通して学び、成長し、安心感や仕事のやりがいを感じるうえで、なくてはならない職場環境の条件です。他のメンバーから批判されたり、ばかにされたりする心配がなく、互いを信頼し、意見に敬意が払われるため、話し合いでは積極的に意見を交わすことができます。そして、介護職が仕事を続けたいと思う快適な職場づくりのための提案や実践が行われやすくなります。

　仕事に関連する考えや感情を気兼ねなく職場や組織の人々に発言できる雰囲気（心理的安全性）こそ、介護職が仕事を続けたいと思う快適な職場づくりのための話し合いの土台ともいえるでしょう。その土台の上で、現状の職場や組織にある「強み」を活かし、「弱み」を改善するための意見をメンバーが積極的に交わすことで、職場や組織にピタリと合う快適な職場づくりの方法に行きつき、職場で展開することができるでしょう。

　職場や組織にある「強み」を活かすとは、多くの介護職が「介護職を続けたい」「今の職場で働き続けたい」と思っている状況がありますが[28)][29)]、その要因を活かすことです。要因の一つとしては、介護職が仕事や職場への前向きな気持ちを抱いている点が挙げられます[30)]。その前向きな気持ちを保つことができ、さらに強化できる職場でのかかわりこそが、「強みを活かす」ということになるでしょう。

　また、職場や組織にある「弱み」を改善するとは、介護職の仕事を辞める二大理由に一貫して「職場の人間関係」が報告されていますが[31)-33)]、職場の人間関係をはじめ、それらの背景にある仕事や職場、組織の課題を明らかにし、現実との折り合いをつけて改善するということになります。

　この「強みを活かす」と「弱みを改善する」という2つの視点で話し合うことで、自分たちの職場や組織にピタリと合う快適な職場づくりのための内容や方法を見つけることができるでしょう。この「強みを活かす」と「弱みを改善する」について、筆者の研究結果[34)-38)]をもとに、5つのポイントを整理して、図2にまとめました。

図2 ● 介護職が仕事を続けたいと思う快適な職場づくりの5つのポイント

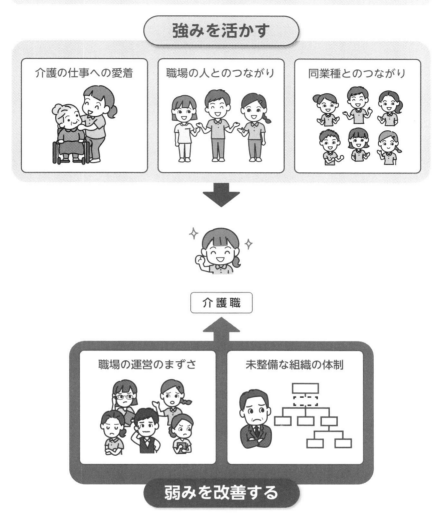

1 「介護の仕事への愛着」という強みを活かす

　仕事への愛着は、介護職の仕事を続けるうえでの強みとなります。仕事を通して楽しさややりがいを感じる時、人は活き活きします。また自分の存在価値を改めて知ることができるでしょう。介護職についても同じことがいえます。筆者が行ったインタビュー調査では、多くの介護職が、介護の仕事のやりがいや高齢の利用者に接することの楽しさについて語ってくれました（表現を標準語に変えています）[39]。

> Eさん 「高齢者の方と、日頃いろんなお話をして。レクリエーションとかもするんですけど、その時に笑顔になってもらったり、『ありがとう』とかって、言ってもらえたりというところが、やっぱり嬉しいですね、仕事をしていて」

また、人生のさまざまな苦労を背負いながら生きてきた高齢者に寄り添い、生活支援をするなかで、年齢とともに身体の不自由や機能の衰えが避けられないということを、仕事を通して実感する機会が介護職には多くあります。別の介護職は次のように語ってくれました。

> Fさん 「『自分は、他人に介護されるような状態にはならない』って、皆さん思うんですって。『私がこんな高齢になるなんて』とか『こんな歳まで生きているなんて』とか、そういう言葉を口にされるんですけど。自分もきっと、そういうことがあるのかなとか、その人を通じて、自分を見ているというか」

高齢者を愛おしいと思う気持ちや、介護の仕事の楽しさややりがいを感じることだけでなく、人が年齢を重ね、人生を締めくくるということについて考え、学ぶことができることこそ、介護の仕事の醍醐味であるといえるでしょう。

この「強みを活かす」ことについて、ある介護事業所では、利用者から感謝されることでやりがいを感じるメンバーが多い実態を把握していました。そのことから、利用者の家族からの感謝のお便り等を事業所に掲示し、家族からの感謝の言葉がメンバーにできるだけ直接、伝わるような取り組みを行っていました。このような取り組みは、介護職が仕事へのやりがいや愛着に気づき、仲間と共有できるきっかけとなっていました。

図3 ●「介護の仕事への愛着」という強み

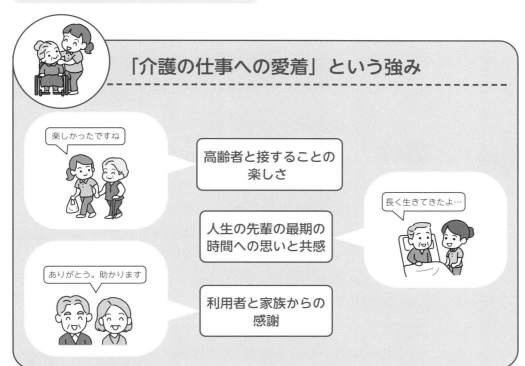

「介護の仕事への愛着」という強み

楽しかったですね

高齢者と接することの
楽しさ

長く生きてきたよ…

人生の先輩の最期の
時間への思いと共感

ありがとう。助かります

利用者と家族からの
感謝

2 「職場の人とのつながり」という強みを活かす

　介護の仕事は、他のメンバーや関係職種との連携や協力で成り立つ仕事です。施設のユニットのような個室で行うケアが中心である場合も、チームワークが大切です。そのため、立場や職種にかかわらず職場のメンバーと互いに認め合い、敬意を払い合い、気遣う「職場の人とのつながり」は、仕事をこなすためだけでなく、個人としての介護職にもよい影響を与えます。そしてこのことは、介護職の仕事を続けるうえでの強みとなります。

　一方で、介護の仕事は、なかなか専門性が見えにくい仕事です。身体が思うように動かない人や、伝えたくても自分の思いや痛み、つらさを伝えることが難しい高齢者に寄り添い、生活支援を行う介護の仕事では、あたたかな気持ちとともに専門的な知識や判断は欠かせません。しかし、介護の仕事ではそのような専門性が周囲には伝わりにくいことが多くあります。したがって、職場で介護職が互いに信頼で

きたり、話し合いで立場や職種、年齢が違うメンバーが介護職の専門性や立場を尊重し、仕事の目標を共有できたり、互いを改めて理解し合えた時に、介護職はやりがいを感じます。また、管理職やリーダーからの支援や、職場のメンバーとの結束は、仕事へのやりがいや支えとなり、介護職が仕事を続ける気持ちに影響します。「職場の人とのつながり」について、ある介護職は次のように語ってくれました（表現を標準語に変えています）[40]。

> Gさん 「この入居者さんに対して、どのように支援していこう、というのをみんなで考えて意見を出し合って。その時の施設長さんとか、看護師さんというのは、基本的に介護職の話し合いのなかで前に出てこなくて、話し合いの最後の最後に、『ここは、ちょっと難しいかも』というような、ポンと言葉がけだけをしてくれる助言者であって。介護職の同期の人たちが、すごく仲よく、コミュニケーションを取りながら立ち上げを上手にできたというのは、やりがいがあります」

　この「職場の人とのつながり」という強みを活かした取り組みについて、ある介護事業所では、介護職や栄養士、看護師などの多職種の同じ職位である主任が、毎月1度、話し合う機会を設けていました。それぞれの主任が職場で直面している課題や苦労を共有し、共感することでやる気が上がるだけでなく、組織の経営層に現状の課題を報告し、理解してもらう機会にもなっていました。別の介護事業所では、食事のメニューを栄養士と介護職が一緒に考える協働作業の機会を取り入れていました。このことで、「介護」以外の仕事の楽しさや達成感を介護職が感じる機会になっていました。

　このような取り組みは、組織の人間関係の風通しをよくし、立場や職種にかかわらず互いを認め合い、気遣う良好な関係を築くことにつながるでしょう。そして、快適な職場づくりに発展することが期待できます。

図4● 「職場の人とのつながり」という強み

3 「同業種とのつながり」という強みを活かす

　介護職にとって、職場内だけでなく職場外でのつながりは、忙しい日々の業務で忘れがちな初心を取り戻し、気持ちを一新させてくれる機会になります。また、地域の他の介護事業所のメンバーとの交流は、職場のメンバーに異なる視点や新鮮な気持ちをもたらしてくれるでしょう。そして、「仕事を頑張ってみよう」といった前向きな気持ちにさせてくれるのです。このことについて、ある介護職が語ってくれた内容を一部、紹介します（表現を標準語に変えています）[41]。

Hさん 「老健大会（全国老人保健施設大会）というのがあるんですけど。そういうのも、他の施設の発表を聞くことによって、何かきれいな気持ちになります。また、初心にも帰れるというか、そういう研修ってすごく大事だなって思うんです」

　この「同業種とのつながり」という強みを活かす取り組みについて、ある介護事業所では、学生の介護実習を積極的に受け入れていました。学生への指導を通して、介護職が自分のケアを見直し、基本に戻ることができ、また学生に選ばれる事業所を目指す機会になるといった利点を挙げていました。また、外国人介護職を受け入れている介護事業所では、外国人労働者を多く受け入れている地域の特性を活かし、地域の国際交流や文化交流の機関と連携し、他の介護事業所の外国人介護職に加え、さまざまな業種の外国人が交流する機会を設けていました。これは、参加す

図5 ● 「同業種とのつながり」という強み

る者同士が気持ちを新たにし、刺激を与え合う機会となっていました。

　ここに挙げた「介護の仕事への愛着」「職場の人とのつながり」「同業種とのつながり」といった「強み」以外にも、介護職や職場、介護事業所によい影響を与える強みはあると考えられます。少なくともこのような「強み」は、仕事で困難な状況に陥っても、介護職がその状況を乗り越え、前向きになるための力を与えてくれます。本書では、筆者のこれまでの研究 42) 43) から整理した内容として3つの強みに絞り、取り組みの一部を紹介しました。

　一方、このような「強み」を活かした介護事業所としての取り組みを事情が異なる組織でそのまま取り入れても、実際の職場になじまず、期待した効果が得られないことが多いでしょう。それぞれの組織や職場にピタリと合った快適な職場づくりの取り組みは、職場の目標や組織の理念を共有し、メンバーが積極的に意見を交わす話し合いによって生まれてくるものだからです。そのような効果的な話し合いには、仕事に関連する考えや感情を気兼ねなく職場や組織の人々に発言できる雰囲気（心理的安全性）が保たれた環境が欠かせません。

4　「職場運営のまずさ」という弱みを改善する

　介護職が仕事に愛着ややりがいを感じながらも、やる気を失ってしまい、時には介護の仕事を辞めてしまうようなことがないよう、特に人間関係を含む職場環境の改善が必要です。しかし、人材に余裕がない現場では、職場環境や人間関係の課題の解決は二の次になり、放置されてしまうことも少なくありません。なかでも「職場運営のまずさ」という弱みは、介護職の負担感や不安を高め、やる気を萎えさせてしまいます。筆者が行ったインタビューで、リーダーが語ってくれた内容の一部を紹介します（表現を標準語に変えています）44)。

Iさん 「どこの施設でもあるように、ボス的存在（偉そうに威張り散らすような存在）の職員がいるので、その職員が、『この人、だめだ』ってなると、けっこうもう本当に、話しかけてもその介護職を無視するとか、話しかけないとか、態度が冷たいとかというのを聞くんですね。ただ、注意をしようにも、（リーダーである）私の前では、それは出さないので、注意はできないんですね」

　このような職業人としての自覚と責任をもつことが難しいメンバーについては、ケアの質はもとより、職場での協力体制も期待できず、人間関係をはじめ、他のメンバーへのさまざまな悪影響が心配されます。目指すべき職場の目標の達成も阻むような人間関係の問題は、「職場運営のまずさ」の課題といえます。

　また、介護現場では、人手不足も典型的な「職場運営のまずさ」の課題といえます。人手不足の状況では、残業をはじめ一部のメンバーに負担が偏ってしまうことがあります。入所系の施設での人手不足は、交代勤務でのシフトを組むことを難しくし、メンバーは、ケアの質よりも、とにかく時間通りに仕事をこなすことに精いっぱいになってしまいます。息抜きや休息のための有給休暇が利用できない状況に、メンバーは不満をもつことでしょう。また、専門性を大事にしたいと考える介護職はこのような状況が続くと、やる気を失うかもしれません。インタビューのなかで、ある介護職は次のように語ってくれました（表現を標準語に変えています）[45]。

Jさん 「3日ぐらい連休を取るとなると、下階の職場のスタッフから応援をもらわないと回らないんですよ、夜勤が。なので、取りにくいというのはあります。（中略）その希望は聞きますけど、やっぱり長期というのは、なかなか言いづらい状況というのはあると思うので。長期休暇が取れるとか、そういうのは憧れますよね」

　ここに挙げた例の他にも、介護職や職場、介護事業所に負の影響を与える「職場運営のまずさ」という弱みについては、多くあると考えられます。そして、「職場運営のまずさ」と考えられる課題は、多くの場合、簡単に改善することはできない

図6●「職場運営のまずさ」という弱み

「職場運営のまずさ」という弱み

質より時間通りに
こなすことの重視

効率重視

残業の手当が出ない

当たり前になっている
サービス残業

参観日に仕事が
休めない

要望を汲みづらい
交代勤務

実際には利用できない
有給休暇

人手不足で休みが
取れない

ベテラン　転職したばかり　新人

能力と経験を汲みづらい
スタッフの配置

仕事について誰も
教えてくれない

指導体制の未整備

仕事目線にならない職場の
コミュニケーション

考えが違う人とは
話をしない

31

ものです。したがって、職場や組織の立場や職種が異なる人たちも含めた、自由闊達な意見交換をすることができる「話し合い」が大切です。その話し合いが、解決の糸口となり、自分たちの職場や組織に合う対策を見つけることができるのです。そして皆が納得して、ようやく実行に移すことができます。

「職場運営のまずさ」という弱みについての取り組みとして、ある介護事業所では、日勤から夜勤に替わる時には、利用者の離床介助、夕食介助、臥床介助など多くの業務があり、夜勤者にとって特に人手不足の時には、いっそう負担になっていました。そこで、16時30分から21時30分までの「夕勤」という勤務形態を取り入れ、定年退職したシニアの人を臨時の非常勤スタッフとして採用し、周辺業務を手伝ってもらうことにしました。これにより、夜勤者の負担を格段に減らすことができました。

このような提案は、職場のメンバーの声に耳を傾けることで生まれることが多くあります。しかし、いくら「職場運営のまずさ」を改善するためのよい考えをスタッフがもっていても、誰も何も言わない、形だけの「話し合い」では、考えや知恵を出し合うことは難しいでしょう。「職場運営のまずさ」という弱みを改善するには、皆が安心してわからないことを質問し、恥ずかしがらずに仕事上のさまざまな考えや知恵を発言することができる話し合いが必要なのです。

⑤ 「未整備な組織の体制」という弱みを改善する

「職場運営のまずさ」という弱みの背景には、実は「未整備な組織の体制」という弱みが影響していることが少なくありません。例えば、現場の人材教育・指導の問題は、リーダーとメンバーとの間の問題と思われがちですが、実際には「未整備な組織の体制」を改善しないとうまくいかないことがよくあります。筆者が行ったインタビュー調査のなかで、ある介護職が語ってくれた内容の一部を紹介します（表現を標準語に変えています）[46]。

> Kさん　「10 教えても、5つしか覚えてくれない方でも、「育てなさい」と言われ
> ますので。育てたら、私たちも楽になるのは分かっているんですけど。
> ハードワーク（過重な労働）のなか、1から10まで、ずっと毎日同じこ
> とを教えることもできないですので。1から10言っているなかで、でき
> ない方に対して、ずっと付きっきりで教えることもできないなか、「育て
> なさい」って言われるので、あまりわかってくれないかなと。上職位の人、
> 施設内のスタッフの上司とかはわかってくださっても、結局、法人はわ
> かってくれないので、同じかなと思います」

　介護事業所で人材の採用や指導の方針が整わないと、現場の課題が改善できない
という状況はしばしば、リーダーや主任といった管理職の悩みや不安の種となって
います[47]。ベテランのリーダーや主任も、このような「未整備な組織の体制」と
いう弱みによって、やる気や仕事を続ける自信を失うこともあるでしょう。リー
ダーや主任といった管理職は板挟みの立場におかれることが多いためです。利用者
や家族、メンバーと事業所の経営層の両方から、苦情や要求を突きつけられ、自分
の立場ではどうにもできず、心身ともにつらい立場におかれてしまうためです。

　「未整備な組織の体制」という弱みについては、組織をまとめる経営層の対応や
姿勢がよりいっそう、リーダーや主任などの管理職のやる気や離職にも影響しま
す。組織の経営層の人たちが課題を見て見ぬふりをするといった不誠実な態度をと
る場合は、職場で重要な役割を担う管理職はやる気を下げ、仕事を続ける気持ちを
失ってしまうのです。以下に、リーダー（介護職）が語ってくれた内容の一部を紹
介します（表現を標準語に変えています）[48]。

> Lさん　「経営層にも、現場のことを知っていただいて。事務所側も、職員が言い
> やすい環境をつくってほしいんですよね。何でも話しに行けるような。そ
> れがないので。（中略）それがわかっているから、自分を殺して黙っていて。
> 最終的に、もう嫌になって辞めていくという傾向が多いです。何か、もう
> 少しうまく聴くことができる環境、聴いてあげられる環境を、上（の職位
> の人たち）にももってほしいなあというのは思っていますね」

このような「未整備な組織の体制」という弱みを改善するための取り組みについて、ある介護事業所では、現場の問題を適時に把握して解決するため、月1回のユニット単位での話し合いの場に加えて、中間管理職と交流する機会や、さまざまな職位や職種が集まって意見交換をする機会を定期的に設けています。また、別の介護事業所では、年に2回のアンケート調査を通して直接、組織の経営層にスタッフの声が伝わるような機会をつくっていました。また施設長が、頻繁に職場を巡回し、現場のスタッフから現場で直接、意見を聞く機会もつくっていました。

　これらの取り組みにおいても、仕事に関連する考えや感情を気兼ねなく職場や組織の人々に発言できる雰囲気（心理的安全性）は重要です。なぜなら、せっかく聞き取りや話し合いの機会をつくっても、誰も何も言わなければ、形だけのものになってしまうからです。そして、「未整備な組織の体制」という弱みは残されたままになるでしょう。

図7●「未整備な組織の体制」という弱み

「未整備な組織の体制」という弱み

経験、資格、動機は
関係なし

あいまいな人材の
採用と指導方針

不透明な人事評価

役職はどうやってつく？

処遇改善手当って？

わかりづらい給与体系

将来のキャリアが
描けない教育体制

キャリアアップ？

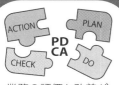

業務の評価と改善が
ない

業務の見直しと改善が
活かせない体制

安全管理の体制のまずさ

腰痛や転倒が多い

役職者の一言で
決まる

上職位の一言で物事が
決まってしまう風土

心の健康を含む
職員への支援不足

暴力やセクハラの対策なし

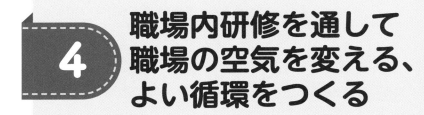

4 職場内研修を通して 職場の空気を変える、 よい循環をつくる

　介護事業所の人間関係を含む職場環境の問題については、話し合いでの姿勢や方向性を整えなければ、解決策を導くことが難しくなることがあります。先に紹介した、介護職が仕事を続けたいと思う快適な職場づくりの5つのポイント（p.23参照）は、その問題について、異なる複数の角度から考え、そして解決に向け、「話し合いの視点」を定める際に役立ちます。

　それというのも、介護事業所では、問題の解決のための話し合いのはずが、一部のメンバーの経験談に終始してしまうことが少なくないからです。また、意見ではなく、愚痴や非難ばかりが聞かれたり、尖った発言で相手を言い負かし、険悪な雰囲気になってしまうこともあります。リーダーや主任といった管理職が、スタッフの発言を途中で遮ったり、見下すような態度をとると、あっという間に発言しようというメンバーの気持ちは萎えてしまいます。忙しいなか、時間を調整してつくった貴重な話し合いの場であるにもかかわらず、意見が出ないばかりか、次の話し合いでの雰囲気にまで悪い影響を及ぼしてしまうでしょう。

　また、「理屈上の正しさ」を求めすぎると、「正しいかどうか」という意見を求めるだけの余裕のない話し合いになってしまい、解決につながるアイデアの幅がせまくなってしまいます。一方、メンバーが率直に仕事についての考えを伝えることができる雰囲気が保たれると、「理屈上の正しさ」にこだわらず、ものの見方を変えて幅広い考え方や価値観で意見が出されるため、今までの常識にとらわれない新しい提案が生まれるでしょう。

　例えば、入浴の時に毎回、介護職をたたいてしまう利用者がいるとします。一見すると、その利用者は「問題行動」をする人であり、担当する介護職はおそらく入浴介助は危険で大変だと考え、その利用者にたたかれないよう意識して介助をすることでしょう。ここで、専門職としてこの利用者の問題を「事例」と捉え、介護職と利用者の双方にとって安全で、かつ利用者の安楽で安心できる入浴介助を目標として話し合うと、どうでしょうか。おそらく、メンバーは介護職の目線だけでなく、「なぜ介護職をたたくのか」という利用者の目線や、安全な職場環境といった管理的な目線など、さまざまな角度から考え、意見するでしょう。つまり、先に述べた快適な職場づくりの5つのポイントのうち、職場や組織の強みの一つである「人

生の先輩の最期の時間への思いと共感」や、弱みの一つである「安全管理の体制のまずさ」について考え、最善の解決策を見出し、試みようとするのです。

　話し合いの視点を整えることで、職場や組織の強みや弱みといった異なる角度から考え、人間関係を含む職場環境の問題の解決に向けた、活発な話し合いができるでしょう。つまり、「話し合いの視点」を整えることは、メンバーが考え、課題の解決に向けて活発な意見交換を行うことを後押しするのです。このような話し合いを通して、介護職は自分たちの仕事を客観的に捉え、専門性を実感します。改善・解決した場合は達成感に留まらず、職場全体の活性化や成長につながるでしょう。

　しかし、職場での話し合いを導く管理職のなかには、こういった話し合いをはじめ、管理業務そのものに苦手意識を抱く人もいます。また、介護事業所のなかには、新任の管理職のための研修のような学びの機会がなく、日々悩み、迷いながら仕事をしている管理職も多くいます。そのため、現場での実践が難しい場合が少なくないでしょう。

　では、どうしたら介護現場で、このような心理的安全性を保ちながら「効果的な話し合い」ができるでしょうか。その最適な方法の一つとして、職場のメンバー全員を対象とした職場内研修で心理的安全性が保たれた「効果的な話し合い」のコツを学ぶという方法があります。事業所内で定期的に職場内研修を開催し、少しずつその学びを積み重ねます。そのことで、次第に心理的安全性を保ちながら職場で効果的な話し合いを実践する人が増えるでしょう。

　そのようなメンバーが増えることで、職場の空気も徐々に変わります。そして、その空気は施設全体に循環し、仕事に関連する考えや感情を気兼ねなく職場や組織の人々に発言できる雰囲気（心理的安全性）を保ちながら、仕事から視点が逸れることなく効果的な話し合いができる風土が組織に浸透するでしょう。職場や組織の風土は、多くが長い月日を経て積み重ね、浸透してできたものです。そのため、短期間で簡単に変えることは難しいでしょう。その職場や組織の風土を変えるには、現場のスタッフから組織の経営層まで地道に変革を積み重ね、新しい職場・組織の風土として徐々に浸透させ、広げていく必要があるのです。

第 **3** 章

事例で学ぶ、介護事業所の「心理的安全性」

1 介護事業所の管理職が生みだす「心理的安全性」

　職場を運営するリーダー（管理職）は、職場で仕事に関連する考えや感情を気兼ねなく職場や組織の人々に発言できる雰囲気（心理的安全性）を保つうえで、重要な役割を果たします。心理的安全性は単なる職場の個性ではなく、職場を運営する管理職を中心にスタッフが協力して生みだすことができるものであり、また生みださなければならない職場環境の特性だからです。

　しかし、介護事業所のリーダーや主任といった管理職は、実務もスタッフと同様にこなさなければならない場合も多く、悩み、迷いながら仕事をしている管理職も少なくありません。忙しさのため、日々の部下の仕事ぶりを評価する時間すらとれない状況も考えられるでしょう。そこで、この章ではそのような忙しい管理職が、「心理的安全性」について理解を深めるために、介護事業所の職場の身近な人間関係にまつわる事例を通して解説します。

　ここで紹介する9つの事例は、第4章以降で紹介する職場内研修の話し合いで用いるものです。いずれも筆者のこれまでの研究[49]-[55]で得られた知見を参考に作成した事例であり、登場人物や介護事業所は実在するものではありません。また、いずれも特定の人や職種、民族などを批判するものではありません。9つの事例については、事例の場面をより深く共有できるよう再現映像を用意しています。該当のQRコードを読み込むことで視聴できます。

　ここで紹介する事例の課題の解決に向けた「効果的な話し合い」のコツについては、第5章で解説します。

2 職場の身近な人間関係にまつわる9事例を通して「心理的安全性」を学ぶ

事例1 パート職員と正社員の立場の違いによる仕事への意識の違い

登場人物 パート介護職の東山さん、正社員の西川さん、
利用者家族の山田さん

　パートの介護職の東山さんは、定時になると仕事の途中でも、中断して申し送りをせずにさっさと帰ってしまいます。昨日も先週の月曜日も同じような状況で仕事を中断して帰ってしまいました。

　そのため、正社員の介護福祉士の西川さんは十分な申し送りを受けることなく、夜勤シフトに入りました。パートの東山さんの記録には、利用者の山田さんについて「今朝からほとんど食事がとれていない。食欲がないようだ」と書いてありましたが、西川さんはそのことを知りませんでした。

　夜の面会時間に、利用者の山田さんの娘が来て、西川さんに「あの……。父は総入れ歯をつけて食事をするのですが、また、入れ歯が入っていないんです。歯がなければ噛めないので、父は食事の量がとれていないのではないでしょうか」と尋ねてきました。

　山田さんの娘は、「父がかわいそう。お腹が空いているだろうに。これで3回目なんです。父を自宅で看られない私たちが悪いんでしょうけれど……」と目に涙を浮かべました。西川さんが慌てて山田さんの口の状態を確認したところ、入れ歯は入っていませんでした。そのため西川さんは、山田さんの娘に深々と頭を下げてお詫びの言葉を述べ、そして「今後は十分に注意します」と伝えました。

　翌日、申し送りをせずに仕事を途中で切り上げて帰ったパートの介護職の東山さんに対して、西川さんが注意をしました。すると、東山さんはムッとして「用事があったんです。私はパートなので契約どおりの時間に切り上げてなぜ悪いんですか？ パートが残業しないで注意されるなら、私は仕事を続けられませ

ん」と話しました。

事例から心理的安全性を学ぶ

　人は、失敗をすると、怒られたり、責められたりすることを恐れ、不安になります。そのため、責められたり、批判や軽蔑されたりしないように、多くの人は自分を守ろうと説明したい気持になります。東山さんもきっとそう思ったことでしょう。一方で、正社員の西川さんは、責任感や、利用者とその家族に対する申し訳ない気持ちから、東山さんに対して失望感や怒りを抱いたかもしれません。両者の気持ちは理解できます。

　介護の現場でよく起こることとして、忙しさもあいまって、失敗をした東山さんへの失望感や怒りが勝り、本人の話に耳を傾けることができない状況があります。こうなると、東山さんは失敗を隠したり、認めないといった行動をとることになるでしょう。このことは、重大な事故を引き起こす可能性を高めるかもしれません。それを防ぐためには、「誰でも失敗はする」ことを認め合い、「失敗から学ぶ」ことの大切さを職場のメンバーが理解することが必要です。

　西川さんは東山さんが自分の状況を説明しようとする時は、その説明したい気持ちをまずは受け止めて、ひとまず話を最後まで聴くことが大切です。うなずきながら聴くと相手は敬意を払ってくれていると感じます。そして「私も、他のメンバーも、誰でも失敗することがあるので」と前置きしてから話をすると、東山さんは一方的に責められたと感じるなどの不安や恐れが和らぐでしょう。つまり、自分に敬意が払われ、責められる等の不安や恐れがないと感じると、心を開くことができる

ようになります。

　もしも、東山さんの考えが職場の価値観やルールからかけ離れている場合は、否定も肯定もせず、「なるほどね」「そう思ったんですね」「そういう考えもありますね」といった表現を使うとよいでしょう。共感しつつも否定も肯定もしない、中立的な表現であるという点で、相手にいやな印象を与えない表現として役に立ちます。そのうえで、個人としていろいろな考えはあってもよいけれど、職場や組織ではルールがあり、働くときはそのルールを守る必要があるので協力してほしいと説明し、守るべき具体的な内容を伝えるとよいでしょう。

　「失敗から学ぶ」というのは、失敗を大目に見ることではありません。介護事業所における高齢者に対する生活支援では、仕事上の失敗は、時には高齢者の健康や尊厳、命にかかわることもあります。同じ失敗やさらに大きな失敗につながらないようにするためには、失敗に気づき、率直に認め、隠すことなく共有することが必要なのです。そのためには、同じ失敗を東山さんや他のメンバーが繰り返さないための方法について、職場のメンバーで話し合い、よりよい仕事に向けて改善することが大切です。

　課題解決に向けた事例のポイントとまとめについては、第5章（p.94〜95参照）で解説します。

新人の手本となるべき先輩の言葉づかいとふるまい

登場人物　新人介護職の森下さん、先輩介護職の林さん

　祖母が大好きだった森下さんは、祖母を看取った経験から、何か高齢者の役に立ちたいと思い、介護福祉士の資格を取りました。新人介護職として就職した施設は、要介護度の高い利用者が多く、忙しい日々を過ごしていました。

　森下さんは利用者へのケアを通して、自分の祖母にしてあげられなかったことを利用者の家族に代わってしてあげることに、誇りややりがいを感じていました。しかし、仕事に慣れてきた森下さんは、徐々に先輩の林さんと一緒に仕事をすることが苦痛になってきました。

　理由は、林さんが認知症の利用者に対して「こらっ」「ばあさん」「じいさん」といった失礼な言葉を使い、乱暴な方法で身の回りの介助をすることが日常的にあり、しかも、新人の森下さんの目の前でも全く気にしていないからです。

　森下さんは高齢の利用者に対して、優しく、丁寧なケアを行うことで残りの人生の時間をその人らしく過ごせるような支援をしたいと思っていました。そのため先輩の林さんと同じシフトで仕事をすると、いつも気持ちが滅入りました。しかし、誰にも相談できず、不本意なケアをしなくてはならない状況に、森下さんは次第に仕事に行くのがいやになり、元気がなくなってきました。

事例から心理的安全性を学ぶ

　職場環境は、一人ひとりの個性やメンバー同士の相性に影響されやすく、誰かが先頭に立ってうまく導かないと、この事例のような職業人として課題のある言動やふるまいが、まかり通ってしまうこともあります。そのため、眉をひそめたくなるような先輩の林さんの言動やふるまいに対しては、軌道修正してもらう必要があります。

　このような職場での課題について話し合いをすると、職場では多くの人は「自分は精一杯、仕事をしている」と思っているため、意見がぶつかり合うことがあるかもしれません。したがって、たとえ衝突が起きたとしても、話し合いの後にわだかまりが残らないように注意する必要があります。そのためには、意見を伝える時は相手に敬意を払っていることが伝わるよう、まずは相手の話に耳を傾けてうなずきながら最後まで聴くなど、丁寧な対応をする必要があります。

　敬意を払いながらアドバイスをしても、林さんが感情的になる場合もあるかもしれません。そのときは、なおいっそう冷静に、林さんの話に耳を傾けて本人が冷静になるまで話を聴きましょう。話し合いのなかで勝とうとしてはいけません。誰の言い分が正しいかを争うことが目的ではなく、今後、同じような失敗やミスを繰り返さないこと、そしてよりよい仕事をすることが話し合いの目的だからです。考えの不一致があればそこを取り上げ、組織の理念や職場の目標にかかわることを大事にしなければなりません。そのことを説明し、その目的に引き戻すようにします。完璧な人はいません。誰でも直したほうがよいところや、失敗をすることがあるのです。それに気づき、仕事ではそこから学ぶことが大切だということを理解してもらいましょう。

　入職して間もない新人は、職場についてあれこれと意見を言うと、生意気で厄介な新人とみなされて評価が下がったり、イメージが傷ついたりするのではないかと恐れたり、不安に思うものです。そのため、森下さんのような新人や少数派のメンバーは、率直にものを言わないことが多いのです。恐れや不安を感じることなく、素直な意見や仕事への情熱を話すことができる雰囲気、つまり心理的安全性を保つことで、新人や少数派の人たちも、そしてベテランも、やる気をもって仕事ができるようになります。

　よい仕事をするうえで、仕事への情熱をもつことは大切です。そのためには、森下さんのような仕事に対する夢や情熱を抱く人に対し、しらけた態度をとったり、

斜めに構えたりするのではなく、素直にそのよさを認めることができる雰囲気が必要です。そのような雰囲気の職場では、ベテランの職員も初心を忘れることなく、誰もが新たなアイデアを気楽に提案できるでしょう。仕事への情熱を大切にする人に、「よいケアをしているね」「頑張っているね」といった声をかけることで、さらに仕事に関連する考えや感情を気兼ねなく人々に発言できる職場の雰囲気が高まります。つまりよい循環が起こるのです。

　課題解決に向けた事例のポイントとまとめについては、第5章(p.98〜99参照)で解説します。

事例 3

仕事のミスが改善しないスタッフの職場での孤立

登場人物　**介護職の鈴木さん、リーダーの松本さん、利用者の山本さんの家族、スタッフ**

　介護職の鈴木さんは、3 か月前に他業種から転職してきました。利用者の眠前の薬が追加になったことが申し送られず与薬されないなど、鈴木さんの勤務の後は、必ずといってよいほど問題が起こります。しかも悪びれる様子もありません。スタッフは必ず後で慌てる結果になり、困っていました。

　ある日、利用者の山本さんの家族から「今日、面会時に外出を希望したいのですが、問題ないでしょうか」と電話で問い合わせがありました。鈴木さんは、十分に確認せず「大丈夫ですよ」と答えましたが、山本さんはその日は午前には入浴、午後にはリハビリテーションの予定が入っていました。そのため十分な面会も外出もできずに山本さんの家族は帰ることになってしまいました。「遠くから来るので電話で確認したのに……」と不満を漏らす家族に、リーダーの松本さんが平謝りしました。

　問題が起こるたびにリーダーの松本さんは、鈴木さんにしっかりしてほしいと思っていました。しかし以前、鈴木さんに仕事で注意をした後で、「パワハラを受けた」と部長に報告されたことがあり、それ以降、松本さんは鈴木さんへの注意を控えるようになったのでした。

　鈴木さんのトラブルについては、他のスタッフも、諦めの気持ちでいました。そして鈴木さんと同じシフトで仕事をするときも、かかわりを避けるようになりました。次第に鈴木さんは職場で孤立するようになってしまいました。

事例から心理的安全性を学ぶ

　もし、リーダーの松本さんが介護職の鈴木さんに対して、失敗するたびに「鈴木さん、また失敗しましたね。これまで何度も改善してくださいと言ったでしょう！」と注意したら、鈴木さんはどう反応するでしょうか。失敗すると人は、「怒られる」「責められる」ことを恐れ、不安になります。そのため「失敗を隠す」「認めない」などの行動をとります。鈴木さんも、心の中では後悔や反省の気持ち、あるいは罪悪感を抱いているかもしれません。または、責められると思って、自分を守ろうと言い訳ばかりを考えていたり、仕事の失敗を深刻に捉えていないふりをしているのかもしれません。

　そのため、注意をすると自己防衛の反応として怒りをむき出しにするかもしれません。不安から、他の人に責任転嫁をするかもしれません。こうなると結局、また近い将来、利用者や家族に迷惑をかけたり、時には重大な事故を引き起こすことにつながるでしょう。

　鈴木さんが、失敗やミスを報告することで、ばかにされたり、非難されるかもしれないといった対人関係の不安や恐れを抱くことを防ぐには、「私も、他のメンバーも、誰でも失敗することがある」ことを認め合うことが必要です。「失敗から学ぶ職場」とは、そのことに気づき、対処する方法について職場のメンバーで考え、そこから学び、実践することができる職場なのです。

　そのためには、まずはリーダーの松本さんは、説教したい気持ちはぐっと抑え、代わりに利用者の立場に立ってわかりやすい質問をして、鈴木さんに自分の仕事ぶりを振り返ってもらう必要があるでしょう。例えば、「今週、鈴木さんが行った生活支援は、どれも安全で、利用者の○○さんが満足できるものでしたか」といったような質問です。これは、利用者への対人援助サービスという仕事において、利用者の立場に立って自分の仕事ぶりを振り返る問いかけとなります。まずは、このような問いかけによって、自分自身の仕事ぶりを振り返るきっかけをつくるとよいでしょう。

　課題解決に向けた事例のポイントとまとめについては、第5章（p.102 ～ 104 参照）で解説します。

事例 4　認知症の利用者からの暴力への対応

登場人物　利用者の小松さん、小松さんの娘、介護主任の堀田さん、
介護職の岡本さん

　利用者の小松さん（80歳代、女性）は認知症があり、若い男性介護職の岡本さんが担当になると、若い頃の夫と勘違いをして「あなた、お風呂？　それともご飯にする？」などと声をかけてきます。

　最初は笑っていた岡本さんも、小松さんが「あなた、どこに行ってたの！　またあの女のところに行ってたんでしょう！」と、岡本さんの腕を平手でたたきながら、しつこく罵声を浴びせるようになるとさすがに困ってしまい、このことを介護主任の堀田さんに報告しました。

　介護主任の堀田さんは、小松さんの様子を面会に来た小松さんの娘に報告しました。すると小松さんの娘は、堀田さんの前で、「若い職員さんに、なんてひどいことするのよ！　お父さんじゃないのよ！」と言いながら小松さんの頭をたたき、「本当に申し訳ありませんでした」と頭を深く下げて、詫びました。

　介護主任の堀田さんは、小松さんの娘にたたくのをやめてほしいと伝え、「施設側も工夫しますので気にしないでください」と話しました。そして堀田さんは介護職の岡本さんにこの状況を伝え、多少のことは我慢してほしいと伝えました。それを聞いた岡本さんは、「じゃあ、これまでと何も変わらないのですね」と、諦めの表情でつぶやきました。

事例から心理的安全性を学ぶ

　介護事業所では、スタッフが利用者から暴力や性的いやがらせ（セクシュアル・ハラスメント）を受けることがあります。小松さんのように認知症や他の疾患が影響することもあれば、疾患がなくてもそのような行為がみられることもあります。しかし、多くが密室でのケアの最中に起こるため、事実確認が難しいことも少なくありません。また、今回の小松さんの事例のように、事実として確認されていても、家族も事業所側もどう対処すべきか困り果てていることもあります。そして、暴力や性的いやがらせの対象が、一部のスタッフに限られている時は、個別の問題として扱われてしまうことも少なからずあります。

　こうなると、被害を受けたスタッフは、暴力や性的いやがらせなどを、繰り返し受けるたびに報告すると、「また同じ報告か」とか「過剰に反応している」「覚悟がない」などと思われるのではないか、という不安や恐れを感じるかもしれません。また、暴力や性的いやがらせの報告をすることをためらい、我慢するしかないと諦めの気持ちになるかもしれません。そして、被害を受けたスタッフは、心理的につらい状況に追いやられるでしょう。

　そのため、職場でこの事例のような問題が起こった場合は、暴力や性的いやがらせを受けたスタッフが不安や恐れを感じることなく安心して報告し、自分の気持ちを率直に伝えることができる環境が必要です。暴力や性的いやがらせなどを受けるのは性別や年齢、職位など特定のスタッフに限ったことではないことを職場のメンバーが理解し、つらさを訴えるスタッフに敬意を払い、訴えに耳を傾け、共感するといった心理的に安全な環境が必要なのです。

　課題解決に向けた事例のポイントとまとめについては、第5章（p.108 〜 110参照）で解説します。

専門性や業務内容の理解不足から生じる 人間関係の軋れき

事例 5

登場人物　介護主任の外川さん、介護職の村田さん、
看護師の山田さん、部長の内野さん

　外川さんが介護主任として働く介護老人保健施設は介護職が慢性的に不足しています。そのため、介護職が忙しい時は、看護師も利用者の身の回りの世話をすることがあります。一方で、看護師のなかでも介護職の仕事に協力的な人とそうでない人がいることを介護主任の外川さんも気づいていました。

　ある日、介護職の村田さんが介護主任の外川さんに「介護職が食事や移乗の介助で手が足りない時に、手が空いているにもかかわらず看護師の山田さんは協力してくれないのです。いつも気づいていないふりをします」と報告してきました。そこで、外川さんは看護師の山田さんに「介護職が忙しい時に、もし手が空いているなら看護師も介護職に協力して手伝ってほしい」とお願いしました。

　しかし、看護師の山田さんは「看護師は介護の仕事を手伝えますが、逆はできないのに不公平です。介護のことは介護職でしっかりやってもらいたいです。いつも手伝っていたら、看護師が介護の仕事をするのが当たり前になって、看護師の負担がさらに増えると思います」と話し、受け入れようとしませんでした。

　介護主任の外川さんは、上司である部長の内野さんにどう対応したらよいか相談しました。しかし、内野さんは「とにかく仲良く仕事をしてください」と話すばかりで具体的なアドバイスもしてくれませんでした。どうしてよいかわからず、外川さんは板挟みの状態になってしまいました。

事例から心理的安全性を学ぶ

　ともすれば、この事例は介護職の村田さんと看護師の山田さんの対立といったことに終始してしまう可能性があります。しかし、この事例で忘れてはならないのは、そもそも介護事業所の利用者の食事介助や移乗介助といった生活支援の業務は、利用者に安心して安全な生活を送ってもらうことを目指すなかで行われているということです。

　一方、多職種が働く介護現場では、専門性がはっきりしない隙間の仕事や、いずれの職種も対応できる仕事が、職場のもめごとの種になることがあります。そして、異なる職種や職位の意見がぶつかり合って、対立することがあるかもしれません。しかし、対立や衝突が起こっても、それを効果的に使うことで、さまざまな考えを確実に掘り下げることができ、最終的には職場の問題についてよい解決策が生まれることもあります。

　そのためには、利用者に安心して安全な生活を送ってもらうという優先すべき仕事の目標に立ち返る必要があります。このことを看護師と介護職の双方が理解し、互いが敬意を払いながら率直な意見を交換し合う限りは、話し合いで衝突があったとしても、深刻なわだかまりは残らないでしょう。なぜなら、目指すところは「この仕事の目標」であり、共通しているためです。つまり、スタッフがその優先すべき仕事の目標を踏まえることができていれば、互いの考えを率直に伝えあうことで、折り合いをつけて解決策を探ることができます。

　職場で仕事に関連する考えや感情を気兼ねなく職場や組織の人々に発言できる雰囲気（心理的安全性）を保つためには、必ずしも強い結束力がなければならないというものではありません。結束力は大切ですが、強すぎると違う視点や考えを持つ人を排除してしまう可能性があり、メンバーが積極的に意見する気持ちを弱めてしまう可能性もあるのです[56]。

　課題解決に向けた事例のポイントとまとめについては、第5章（p.113〜115参照）で解説します。

事例 6　利用者への対応についての意見の違いから生じる人間関係の軋れき

登場人物　**介護職の嶋さん、看護師の小川さん、利用者の三浦さん、看護部長**

　介護職の嶋さんは、介護老人保健施設に勤めて半年になります。この施設の介護職は資格も年代もさまざまです。介護職の人手が足りず、いつも仕事は忙しく、時間に追われる日々を過ごしていました。

　看護師は自分たちの仕事には熱心なようですが、それ以外は関心がないように嶋さんの目には映ります。介護職が忙しくしている時も会議室にこもっているため、ある日、嶋さんは看護師の小川さんに何をしているのか尋ねました。すると小川さんは「カンファレンスよ」と答えました。しかし、嶋さんはお茶でも飲んでいるのではないかと疑っていました。

　ある日、利用者の三浦さんの家族から三浦さんの好物であるマンゴーの差し入れがありました。そこで嶋さんは、おやつの時間に介助をして食べさせていました。それを見た看護師の小川さんが、「三浦さんは窒息や誤嚥のリスクがあるので、とろみのないものの摂取は禁じられていますよ」と強い口調で言いました。

　しかし、嶋さんは「ご家族が三浦さんに好物を食べさせてあげたいとマンゴーを買って、食べやすく切って、わざわざ持ってきてくれたんですよ。好きなものを介助して食べさせることが、そんなに問題ですか？」と、不満そうな様子で話しました。

　看護師の小川さんがこのことを看護部長に報告したところ「その程度ならいいですよ」と気にする様子もありませんでした。これをきっかけに、小川さんと嶋さんは互いに無視し合うようになりました。

事例から心理的安全性を学ぶ

　この事例では、利用者の家族からの差し入れについての事業所の方針ははっきりと示されていません。しかし、介護職の嶋さんと看護師の小川さんのやりとりは、個人的な感情が前面に出てしまい、事業所の方針と今回のいきさつとの兼ね合いが不明なまま、展開されています。少なくとも、互いが敬意を払って、質問して答えるという友好的なやりとりはなされていないようです。

　嶋さんはもしかすると、家族からの差し入れについて事前に部長に確認していたのに、個人的に看護師の小川さんに対する否定的な感情があり、確認済みであることを言わなかったのかもしれません。一方、看護師の小川さんは、利用者に安心・安全・安楽で、幸せを感じる生活を送ってもらうという職場の目標よりも、食事介助のやりとりで介護職の嶋さんを「言い負かそう」「勝とう」という気持ちのほうが前面に出てしまったのかもしれません。いずれにしても、職業人としての2人の考え方や伝え方、ふるまいは、互いに対して敬意が伴っていません。このような時は心理的安全性が低くなってしまいます。

　職場のスタッフ同士が対立する時は、仕事上での考え方の違いによるものか、個人的な感情によるものかなど、対立する原因や性質を見極める必要があります。個人的な感情で対立している場合は、話し合いの視点を仕事に戻してもらう必要があります。この事例であれば、利用者に安心・安全・安楽で、幸せな生活を送ってもらうといったケアの方針を目指すには、職場のスタッフ間での情報共有が必要不可欠であるという視点です。

　介護現場で利用者への生活支援における失敗や事故を未然に防ぐためには、情報

の共有が大切です。そのためには、職場のメンバーが仕事でわからないことを質問しても、他のメンバーからばかにされたり、嫌気がさしたような態度をとられたり、非難されたりするといった、心配や不安を抱く必要がない環境、つまり心理的安全性が保たれた職場環境であることが必要なのです。

　課題解決に向けた事例のポイントとまとめについては、第 5 章（p.119 ～ 121 参照）で解説します。

事故発生時の役割の押し付け合いから生じる人間関係の軋れき

登場人物　介護職の水田さん、看護師の山川さん、
利用者の中田さん

　介護職の水田さんが勤める施設は、介護職の人手不足でいつも職場は忙しい状況です。日曜日や祭日は特に人手不足で看護部長も不在のため、何か問題が起こるとスタッフは対応に困ってしまいます。

　ある日曜日の午後に、利用者の中田さんが廊下でふらついて、おでこを手すりに打ちつけてしまいました。中田さんは認知症で足腰が弱く、廊下をうろうろしたり、他の利用者の部屋に入ってしまうことがこれまでにもありました。しかし、本人らしい生活を送ってもらうために、特に制約はしていませんでした。

　中田さんの「あぁ、痛い！」という声を聞きつけ、介護職の水田さんと看護師の山川さんが、廊下に出てみると、おでこを押さえる中田さんがいました。慌てて、水田さんと山川さんは中田さんのおでこを確認しました。少し腫れているように見えましたが意識もあったことから、部屋に戻ってもらいました。

　看護師の山川さんは、看護部長に電話をかけて状況を説明しました。看護部長からは、中田さんの息子に電話で事情を説明することと、念のため明日、医師の診察の予定を入れるように指示がありました。電話の最中に山川さんは、中田さんの息子が会社の経営者で厳しい人であることを思い出しました。

　看護師の山川さんは、「処置から看護部長への報告まで私がしたので、中田さんの息子さんには水田さんが電話をして説明してください」と介護職の水田さんに話しました。しかし、水田さんは「医療的な処置をした看護師が説明するべきです。介護職は医療的なことを質問されても、対応できません」と反論しました。役割の押し付け合いになり、その場は険悪な雰囲気になってしまいました。

事例から心理的安全性を学ぶ

　ともすれば、今回の事例は介護職の水田さんと看護師の山川さんとの単なる仕事の押し付け合いに見えてしまうでしょう。しかし、この事例で忘れてはならないのは、そもそも利用者に安全で安心できる生活を送ってもらうことを目指すなかで、利用者が転倒してしまったという点です。さらにその後の対応では、スタッフ同士が役割を押し付け合い、家族への対応が迅速に行われず、宙ぶらりんになっています。利用者の転倒事故が起こった場合は、職種にかかわらず関係するスタッフは、その状況や対応について説明する責任があるはずです。

　一方、多職種が働く介護現場では、いずれの職種も対応できる仕事が職場のもめごとの種になることがあります。そして意見が衝突することもあります。この事例では、中田さんの息子に説明すると厳しく注意されてしまうかもしれないという心配や不安をもっていたため、介護職と看護師が説明する役割を押し付け合っていました。少なくとも押し付け合いをしている限りは、話し合いは建設的なものではなく、感情的な水かけ論になってしまうでしょう。そのことで、家族への説明が遅れてしまうかもしれません。

　まずは、介護職の水田さんは、医療的なことを聞かれても答えられないこと、そして看護師の山川さんは、中田さんの息子に説明すると厳しく注意される可能性があり、そのことが心配で不安であることを率直に伝えたうえで、どう対応するかを2人で検討することが必要でしょう。水田さんが仕事上で苦手なことや自分の不安の背景にある弱さを語った時に、看護師の山川さんがばかにするような態度をとると、適切な解決への道が遠のいてしまうでしょう。誰しも仕事で苦手なことや弱

さはあります。山川さん自身も例外ではないはずです。その苦手なことや弱さを認めてこそ、次の成長につながります。

　しかし、そのことをばかにするような態度をとった場合は、相手は自分の弱さや仕事上の苦手なことを話すことをためらい、隠すようになるでしょう。これは心理的安全性が低い職場といえます。その結果、不安を取り繕って、この事例のような仕事の押し付け合いとなってしまいます。仕事上の苦手なことや弱さを素直に伝えることができる心理的安全性が保たれた職場であれば、互いの気持ちに共感し、そのうえで利用者の家族への対応をどうするか、建設的に話し合うことができるでしょう。

　課題解決に向けた事例のポイントとまとめについては、第5章（p.126 〜 127参照）で解説します。

事例 **8**

言葉と文化の違いから生じる
外国人スタッフと日本人スタッフの誤解

登場人物　**外国人介護職のサムさん、先輩介護職の田畑さん**

　介護職員のサムさんは、2か月前にベトナムから日本にきて、介護施設で働き始めました。仕事には少しずつ慣れてきましたが、日本語の理解が十分ではなくコミュニケーションに日々、苦労していました。

　ある日、サムさんは利用者の山村さんの着替えを別の人の着替えと取り違えて持ってきてしまいました。先輩介護職の田畑さんは関西弁で「これ、ちがうでー。サムちゃん、こんなにちっちゃいのん、山村さんは着られへん。山村さんのん、とってきてんか」と言いました。しかし、サムさんは身動きせず、茫然としてそばで立ったままじっとしていました。田畑さんは同じことを繰り返した後、しびれを切らして、「もうええわ！　山村さんのこと見とって！　私がとって来たるわ！」と言い放ち、その場を離れました。

　1週間後のある日、仕事の時間になってもサムさんは出勤してきませんでした。結局、連絡もなく、無断欠勤をしました。翌日サムさんは、何事もなかったかのように出勤してきました。田畑さんは関西弁で「なんで昨日、仕事に来んかったん？　みんな心配したし、あんたがおらんかったために忙しかってんで。すみませんって謝らなぁ。すみませんって言ってください」と他のメンバーの前で促しました。サムさんは、戸惑った表情で顔を赤くしながら「すみません」と言いました。

事例から心理的安全性を学ぶ

　新入職者や外国人のような少数派の人は、職場で質問や意見を言うことをためらうことが少なくありません。質問したり、意見を言ったりすると、自分の評価が下がるのではないかと恐れたり、不安に思ったりするためです。来日して間もない外国人のサムさんであれば、質問するどころか自分の言いたいことを、どう日本語で表現したらよいかもわからず、悩んでいるのかもしれません。

　また、たとえ仕事で失敗したとしても、他のメンバーの前で叱られることは、とても恥ずかしいものです。この気持ちは万国共通です。誰でもみじめな悲しい気持ちになります。そして、叱られた後は、これからは皆の前で恥をかきたくないと思うでしょう。そのことが、仕事について正しく理解できていないにもかかわらず、理解したふりをすることにつながるかもしれません。そして、ますます質問することができなくなり、わからないことが増えていくという悪循環に陥ってしまう可能性があります。こうなると利用者への生活支援での失敗を隠したり、さらなる失敗や時には事故につながるかもしれません。

　外国人スタッフの場合、日本語の理解が難しく誤解して失敗したのか、仕事の理解がそもそも不十分で失敗したのかなど、わからないことが何なのかが日本人スタッフもわからない状況になることがあります。また、サムさんのような外国人スタッフは、日本語という外国語だけでなく、日本の文化・風習や施設のルールなどの理解も十分でないことがしばしばあるため、知っていて当然だと思うことを質問したり、同じことを繰り返し質問したりすることもあるでしょう。しかし、どのような場面でも職場のメンバーは快く答えて、教えてあげることが必要です。メンバーが仕事でわからないことを安心して、素直に質問できたり、率直な意見を述べることができる職場環境は、外国人スタッフだけでなくすべてのスタッフにとって失敗を報告しやすい環境といえます。その失敗から学び、業務の改善が進むことでしょう。

　このように、職場で心理的安全性を保つことは、外国人スタッフにとっても他のスタッフにとっても大切です。外国人スタッフについては、初めての仕事では慣れるまでに時間がかかり、わからないことがあることを理解し、失敗したときには誰でも失敗することはあることを認め、同時に失敗から学ぶことの大切さを伝えることが大切です。その結果、わからないことはためらわずに質問し、失敗は隠さず報告するという行動につながります。ひいては、利用者の安全で安心な生活を支える

行動に結びつくのです。

　課題解決に向けた事例のポイントとまとめについては、第 5 章（p.130 〜 133
参照）で解説します。

事例9 外国人スタッフの文化にかかわる習慣への対応

登場人物　外国人介護職の程さん、介護職の吉岡さん、
介護主任の堀田さん

　中国人の程さんは、日本の高齢者施設の介護職として働き始めて3か月になります。程さんは時々、香りの強い香水をつけて出勤することがありました。そのため「部屋に香りが残る」と、利用者の家族から苦情がきてしまいました。朝礼の時、介護主任の堀田さんは、他のメンバーの前で程さんに「職場に香水をつけてくるなんてありえないですよ。今後は絶対に香水はつけてこないでください」と強い口調で注意しました。それ以降、程さんは「怖い、厳しい」といって介護主任の堀田さんを避けるようになりました。

　翌週、程さんとシフトで一緒になった介護職の吉岡さんは、程さんから強いニンニクのにおいがすることに気がつきました。さりげなく、昨日の夕食の話をして程さんの食べたものを尋ねたところ、程さんは「水餃子」と答えました。そして程さんの故郷では、生のニンニクを水餃子に盛って食べるということを楽しそうに話しました。吉岡さんは、ニンニクのにおいのことはあえて程さんに注意しませんでした。

　介護職の吉岡さんは、別の日に程さんと二人きりになった時に、自分もニンニク料理が好きなこと、しかしにおいは翌日に残り、利用者や周りのスタッフからもいやがられるため、ニンニク料理は翌日が休みの時にだけ食べるように工夫していることを話しました。

　3日後、程さんからまたニンニクのにおいがしたので尋ねてみたところ、昨夜、生のニンニクを載せて水餃子を食べたことを教えてくれました。介護職の吉岡さんは、ニンニクのにおいがしてしまうことを伝え、におわないニンニクも売っていること、ニンニクなどの強いにおいがする料理は、翌日が休みの時に食べると、誰にも文句を言われないことを伝えました。程さんは「参考にします」と笑顔で答えました。

事例から心理的安全性を学ぶ

　この事例では、職場に香水をつけてきてはいけないと、介護主任の堀田さんから程さんにはっきりと伝えられていることから、これは職場の方針であることがうかがえます。しかし、ニンニクについては定かではありません。強いニンニクのにおいは利用者や家族にとって不快なものとなるため、控えたほうがよいのは確かです。しかし、強く求めるほどのものでもなく、指摘するかどうか、迷うところでしょう。

　外国に行くとそれぞれの街や人々から、共通の独特のにおいがすることがよくあり、背景に食文化や習慣が影響していることも少なくありません。日本であれば、味噌汁のにおいがすると聞いたことがあります。この事例では、程さんの故郷では水餃子を食べるときにニンニクを一緒に食べる習慣があり、慣れ親しんできたにおいのため気にしないのかもしれません。しかし、いずれ香水と同様に、利用者や家族からの苦情が出ることでしょう。

　この事例では、介護職の吉岡さんは、とても遠回しな言い方で指摘していましたが、程さんにはなかなか伝わっていないようです。ここでは、率直な指摘ではあるけれども、あらを探されて恥をかかされるといった不安がない、という職場の心理的安全性を程さんが感じられていることが大切です。程さんの故郷の食文化や習慣を否定することなく、程さんの故郷の食文化を受け入れることが前提として必要でしょう。そのうえで、日本の文化や風習のなかで生活する利用者にとって、そのにおいは生活の質に影響するかもしれないため、におわないよう努めること、日本ではニンニクのにおいに敏感なのでにおわないようにするのが一種の礼儀になってい

ることなどを伝える必要があります。その際には敬意を払いながら伝えます。

　国や地域の文化や風習については、「正しい」とか「間違い」というものはありません。しかし介護職として働くうえで、利用者に生活の場である施設で、安全・安心・安楽で、幸せに過ごしてもらうために、利用者や家族の立場に立って考え、配慮することは必要です。そのことを、丁寧かつ率直に伝えて、協力を要請することが望ましいでしょう。

　事例の課題解決に向けた事例のポイントとまとめについては、第5章（p.137～138参照）で解説します。

職場内研修で学ぶ、
「心理的安全性」と
「効果的な話し合い」のコツ

学びを職場で実践できる職場内研修とは？

　年齢を重ねると、多くの人は、多少の問題があっても慣れ親しんだやり方や考え方を続けるほうが楽に感じます。つまり、自分の考えや行動を修正することが徐々に難しくなるのです。そのため、職場内研修で学んだことを、実際の職場で実践できるようになるには、参加者が自らの考えや判断を振り返り、自覚して修正する過程が必要不可欠です。特に自分の考えや行動に自信をもっている人ほど、今までのやり方や価値観を変えることが難しいため、よりいっそう、この過程が必要になります。そのためには、職場内研修を通して学ぶことが有効です。

　これらの点を解決し、「心理的安全性」と「効果的な話し合い」のコツを学ぶ職場内研修を展開するには、次の３つの条件を満たすことが必要です。１つ目は、黙って講義を聞くような受け身の姿勢にしないこと（主体性を保証すること）です。２つ目は、現実の問題を扱うこと（例えば、介護現場で起こっている人間関係の問題など）です。そして、３つ目は発言する機会があること（発話を伴うこと）です[57]。この３つの条件を満たす研修の形として、現場の事例を教材に用いて、グループで参加者が積極的に意見を交わすケースメソッドという方法があります。

　ケースメソッドを用いた研修は、グループ演習の形を取り、参加者は積極的に発言し、意見交換をすることが求められます。そのことで参加者は自分以外の人のさまざまな意見や考え方に触れながら、話し合いのなかで自分の考えや思いを重ね合わせます。この過程を通して、参加者が自分の考えや判断を振り返り、自分自身で修正し、ひいては参加者同士で成長できるようになります。

　一方、ケースメソッドで用意される事例については、現場の出来事について事実を並べた大まかな情報に限られ提供されます。事例の細かな情報は、実際の研修で参加者がグループで考え、仮定したうえで、事例の課題について話し合います。そのため、グループの話し合いで用いる事例については、「答え」は用意されません。もし事例と似たような状況を一部の参加者が職場で経験していたとしても、その参加者の施設や職場ですら、スタッフや利用者の顔触れは日々変わり、環境も刻々と変化します。また、ケースメソッドでの事例の細かな情報は参加者が想定するため、毎回、同じ条件であるとは限りません。さらに、参加者自身も経験や成長によって、考え方や視点も変わることでしょう。つまり、同じようにみえても、実際にはさま

ざま点で異なるため、グループ演習での事例の課題や、「答え」と考えられることも変化します。そのため、唯一といえる答えも存在しないのです。ケースメソッドによる討議とは、各自の考え、判断、意見を持ち寄り、発言し合い、思考を重ね合わせることで、相互の成長に資することです[58]。

　本書で提案するケースメソッドに倣った職場内研修では、取り上げた事例について、グループの話し合いで得られた解決策の良し悪しを評価することがねらいではありません。職場内研修での話し合いを通して、事例の問題の解決に向け、参加者同士が自分の考えや判断、意見を持ち寄るなかで、心理的安全性を体験することが一番の目標なのです。その「心理的安全性」を保ちながら、「効果的な話し合い」のコツを学ぶことが二番目の目標になります。つまり、話し合いの過程こそが、今回の職場内研修の学びなのです。

2 職場内研修を介護事業所で 企画し、準備してみよう

　介護職が、働き続けたいと思う快適な職場づくりを目指し、ケースメソッドに倣った職場内研修を介護事業所で企画し、準備するための具体的な進め方を紹介しましょう。

　まず、職場内研修は多くの場合、業務時間を使って行われます。そのため、その意義や目的、目標、概要を含めた企画書をつくり、介護事業所の経営層や関係者に示し、理解してもらい、了解を得る必要があります。表2に、職場内研修の企画書作成から準備の流れを示しました。

表2●職場内研修の企画書作成から準備の流れ

項目	内容
①企画書づくり	目的と目標、内容と留意点、実施概要を示す
②事前準備	職場内研修の開催の案内、参加者の名簿の作成とグループ分け、研修会場で使用する機器等の用意、アンケート調査票の用意
③当日の準備	会場の設営、出欠確認票の用意、配付資料の用意

1 職場内研修の企画書づくり

　職場内研修の企画書には、①目的と目標、②内容と留意点、③実施概要、の情報が必要です。

1．目的と目標

　本書で提案する職場内研修の場合、目的は「仕事に関連する考えや感情を気兼ねなく職場や組織の人々に発言できる雰囲気（心理的安全性が保たれた環境）と効果的な話し合いの方法を学び、快適な職場づくりを目指す」ことです。

　この目的を達成するための目標は、事例を用いて職場の課題について「心理的安全性を保ちながら話し合うことを体験する」といったことが挙げられるでしょう。

２．内容と留意点

　本書で提案する職場内研修の内容は、事例を用いて職場の課題について「心理的安全性」を保ちながら話し合うことを体験するものです。具体的には、参加者は３人一組のグループとなって、仕事に関連する考えや感情を気兼ねなく職場や組織の人々に発言できる雰囲気である「心理的安全性」を意識しながら、介護現場の事例について課題解決に向けた「話し合いの視点」を決め、次の話し合いにつなげるためのグループ演習を行います（「話し合いの視点」については、第３節で詳しく説明します）。

　ここでの留意点は、この職場内研修では、グループの話し合いで出された事例の解決策の良し悪しを評価することがねらいではないという点です。参加者が意見を交わすケースメソッドに倣った今回のようなグループでの話し合いでは、特に参加者は心理的安全性を意識しながら、話し合いで積極的に発言し、他の参加者の意見や考え方に触れ、自分の考えや思いと重ね合わせ、発言や考え方を修正し、成長することがねらいです。そのため、グループ演習での話し合いでは発表のための記録は簡単なメモをとる程度にして、話し合いにできる限り集中することが大切です。

３．実施概要

　実施概要として、日時と参加者、場所と講師、経費等を示す必要があります。

　参加者は、今回の職場内研修では、管理職や介護職、看護職、リハビリテーション職などです。日時は介護事業所のできるだけ多くの人が参加できる日時を選びます。

　場所は、参加者が収容できる広さで、かつ静寂が保たれる場所が必要です。今回のようにグループに分かれて話し合いをする形式の研修の場合は、グループ同士があまり接近しすぎると話し合いに集中できなくなってしまいます。そのため、グループ間で一定の距離が確保できる広さの場所が望ましいでしょう。

　講師は、本書の付録を用いて研修を行う場合は、運営を担う事業所内の担当者が講師および進行役になるでしょう。

　また経費も考慮する必要がある場合は、資料の印刷代の実費を計上します。研修の参加を業務時間外で行う場合は、時間給や時間外手当までは計上しなくても、間接的な経費がかかるという事実を忘れてはなりません。

表3 ● 企画書の例

○○年○月○日

○○年度の職場内研修の企画書

企画者：　○○○○

1．背景

　　令和3年度介護報酬改定において、職員の離職防止・定着に資する取り組みをより実効性の高いものとするための見直しが行われ、仕事へのやりがいの醸成や職場のコミュニケーションの円滑化等、職員の勤務継続に資する取り組みが取り上げられています。特に介護現場では、良好なコミュニケーションと相互理解による人間関係が仕事のうえで重要です。したがって、今年度は職場の人間関係をテーマに職場内研修を企画しました。

2．目的

　　仕事に関連する考えや感情を気兼ねなく職場や組織の人々に発言できる雰囲気（心理的安全性が保たれた環境）と効果的な話し合いの方法を学び、快適な職場づくりを目指す。

3．目標

　　事例を用いて職場の課題について「心理的安全性」を保ちながら話し合うことを体験する。

4．内容

　　参加者は3人一組になって、仕事に関連する考えや感情を気兼ねなく職場や組織の人々に発言できる雰囲気である「心理的安全性」を意識しながら、介護現場の事例について課題解決に向けた「話し合いの視点」を決め、次の話し合いにつなげるグループ演習を行う。

5．留意点

　　グループの話し合いで出された事例の解決策の良し悪しを評価することがねらいではないため、「心理的安全性」を意識しながら、話し合いに積極的に参加することに留意してもらう。

6．実施概要

(1) 日時：○○年○月○日（○）○時～○時

(2) 参加者：○階から○階の介護・看護・リハの職員　○名

　　※当日のシフトで参加が不可能な者を除く。

(3) 場所：○階の会議室

(4) 経費：○○円（資料の印刷代）

　　※参加者の研修参加による出勤・残業代は経費に含めず。

(5) その他：参加者の取りまとめと研修の運営は企画者（○○○○）が担当する。

職場内研修の事前準備

　事前準備として、①職場内研修の開催の案内、②参加者の名簿の作成とグループ分け、③研修会場で使用する機器等の用意、もし実施後の評価に用いるのであれば、④アンケート調査票の用意、があります。

1．職場内研修の開催の案内

　事前に各職場に案内します。紙面での案内が一般的ですが、小規模の介護事業所であれば、打ち合わせや会議の際に伝える形でもよいでしょう。

2．参加者の名簿の作成とグループ分け

　職場内研修の予定日時に参加できるメンバーを各職場から取りまとめ役に連絡してもらいます。そして参加者の名簿を作成し、グループを構成します。今回の職場内研修の場合は3人一組の構成が望ましいです。また、望ましいグループ数は、80分程度の研修であれば、本書の付録を用いる場合は、2～4グループ、つまり、1回につき6～12人の参加者数が進行上で適当です。人数がこれよりも多くなる場合は、その分、グループ発表などに時間を要することになります。また、グループでの話し合いをもっとしっかりと時間をかけて行いたい場合も、その分を加えた所要時間を設定しましょう。

　グループの構成メンバーは、心理的安全性を保つことや、自分以外の参加者の意見や考え方に触れ、自分の考えや思いと重ね合わせ、修正することがねらいであるため、できるだけ職場や性別、年齢、経験、職種が異なる者で構成されるようにします。欠席者がでた場合は必ず、その時点でグループを再編成します。

3．研修会場で使用する機器等の用意

　当日の配付資料は、事前に人数分と予備分を印刷しておきます。また、当日の会場で使用するパソコン、プロジェクター、スクリーン、スピーカー、タイマー、マイク等は、事前に機器や映像の動作に問題がないか、実際に使ってみて確認します。

第**4**章　職場内研修で学ぶ、「心理的安全性」と「効果的な話し合い」のコツ

4．アンケート調査票の用意

職場内研修について、今後のために評価や感想、改善点などの意見を参加者から得る場合は、事前にアンケート調査票を作成しておきます。そして、人数分を印刷して用意しておきます。アンケート調査票の質問内容は、例えば、表4のような項目が考えられます。

表4 ● 職場内研修の後に記入してもらうアンケートの内容の例

1	話し合いでは、他のメンバーの発言に耳を傾け、敬意を払うことはできましたか？
2	話し合いでは、積極的に意見をすることができましたか？
3	「心理的安全性」の大切さについて理解できましたか？
4	今回の研修の内容は職場で役に立つと思いますか？
5	研修の日時は適切でしたか？
6	研修の所要時間は適切でしたか？
7	その他、研修全体について意見や感想などあれば自由にご記入ください。

注：1〜6は「大いにそう思う」「そう思う」「どちらでもない」「そう思わない」「全くそう思わない」の選択肢から回答を選んでもらう。7は自由記述とする。

3 職場内研修の当日の準備

当日の準備として、①会場の設営、②出欠確認票の用意、③配付資料の用意があります。

1．会場の設営

事前に動作を確認した機器（パソコン、プロジェクター、スクリーン、スピーカー、タイマー、マイク等）を設置し、動作や映像に問題がないかを確認します。

事前に振り分けたグループごとに、机といすを設置します。グループの参加者名を書いた紙を各机に置いておくと参加者を案内するときに便利でしょう。なお、机といすは、グループでの話し合いをしながらも、会場のスクリーンや講師が見えるように配置します。

2．出欠確認票の用意

グループ（3人一組）に分けた一覧表を用いて出欠確認ができるように、参加者の名簿と筆記用具を受付に用意します。

3．配付資料の用意

配付資料およびアンケート調査票を用意します。受付で参加者に手渡すか、机に置いておくとスムーズです。以下が事前に配付する資料です。

表5●事前配付資料一覧

・話し合いの4つのルール（p.76参照）
・話し合いのためのチェックリスト（p.79参照）
・事例および個人作業・グループ作業の内容（p.92～参照）
・アンケート調査票

また必要に応じて、事後配付資料として「事例のポイント」と「事例のまとめ」を用意し、研修後に持ち帰ってもらうと、学びがよりいっそう深まるでしょう。配付資料は、いずれも巻末に掲載されているURLよりダウンロードして、印刷することができます。

第4章　職場内研修で学ぶ、「心理的安全性」と「効果的な話し合い」のコツ

3 職場内研修での グループ演習の手順

1 グループ演習の流れ

　本書で提案する職場内研修では、3人一組に分かれ、仕事に関連する考えや感情を気兼ねなく職場や組織の人々に発言できる雰囲気である「心理的安全性」を保ちながら話し合うことを体験します。そして、介護現場の事例の問題解決に向けた「話し合いの視点」をグループで決めるという演習を行います。特に、「話し合いの視点」をグループで決めるという作業は、事例の課題を異なる複数の角度から考えるための大切な作業となります。したがって、心理的安全性が保たれたなかで話し合う必要があります。

　グループ演習は具体的には、①事例の理解、②個人作業、③グループ作業、④振り返り・まとめ、という流れで進行します。研修の企画・運営者は、あらかじめ研修で取り上げる事例を2事例決めておきます。

表6●職場内研修の基本的な流れ

過程	研修の運営
1．導入	説明：目的・目標・方法 「話し合いの4つのルール」（p.76参照）
2．1事例目 ①事例の理解 ②個人作業 ③グループ作業 ④振り返り（1事例目）	1事例目の理解：映像を流す 個人作業の案内 ・登場人物の思いや背景、対応を考える グループ作業の案内 ・個人作業の発表を行う 振り返り：グループで振り返る
3．2事例目 ①事例の理解 ②個人作業 ③グループ作業(1) ④グループ作業(2) ⑤振り返り（2事例目）	2事例目の理解：映像を流す 個人作業の案内 ・登場人物の思いや背景、対応を考える グループ作業(1)の案内 ・個人作業の発表を行う グループ作業(2)の案内：以下を話し合う —「話し合いの視点」「話し合いの目的」 —「職業人としてやってはいけないこと」 振り返り：発表するグループを指名する —「話し合いの視点」「話し合いの目的」 —「職業人としてやってはいけないこと」 ・「話し合いの4つのルール」が守れたか
4．まとめ	まとめ

2 「心理的安全性」で大切な 「話し合いの4つのルール」

先に紹介したグループ演習のねらいの一つである、仕事に関連する考えや感情を気兼ねなく職場や組織の人々に発言できる雰囲気（心理的安全性）を保ちながら話し合うために、以下の「話し合いの4つのルール」を用意しました。これは研修の場だけでなく、日常の業務のなかでも利用できます。

職場内研修では、参加者に配付資料用の「話し合いの4つのルール」（p.76参照）を配り、これらを意識しながら話し合いを進めてもらいます。

表7●話し合いの4つのルール

1．最後まで耳を傾け、ひとまず受け入れる	相手が話す時には、最後まで耳を傾け、うなずき、「なるほど」「そういう考えもあるね」といった言葉かけをすると、相手は受け入れられたと感じます。受け入れられることで、話し合いに参加するメンバーは、安心して話すことができます。
2．人と異なる意見は、「私は」で話し始める	人と異なることを話す時は、「私は〜と思う」というように「私は」で話を始めると、ありのままの自分として意見できます。また、他の人の反対の意見を述べる時も、人格を否定せずに、「そういう意見はあってもよいかもしれないけれど」と前置きしたうえで、「私は」の表現を使って、「違う意見もある」と切り込むと、相手は気分を害さず、異なる意見に耳を傾けやすくなります。
3．話してくれたことに感謝し、敬意を払う	耳の痛い指摘でも、仕事にかかわる意見を隠さずに話してくれたことに敬意を払いましょう。鋭い意見や失敗も包み隠さず話してくれた場合は、職場のメンバーは学ぶきっかけを与えられたことになります。そのことに、「ありがとう」「話してくれてよかった」と感謝しましょう。職場のメンバーが耳の痛い指摘や、失敗から学ぶことができる環境は、互いに信頼できる職場といえます。
4．わからないことは質問する	わからないことは、他の人もわからないと思っているかもしれないため、「もう少し詳しく教えてもらえますか」と遠慮せず、しかし敬意を払って質問してみましょう。率直であるけれど、礼儀正しく質問することで、互いに学び、責任感を高めることができます。勇気を出さなくても、質問したり間違いを認めたりできる環境こそ、仕事に関連する考えや感情を気兼ねなく職場や組織の人々に発言できる雰囲気のある職場といえます。

話し合いの4つのルール

1　最後まで耳を傾け、ひとまず受け入れる

相手が話す時には、最後まで耳を傾け、うなずき、「なるほど」「そういう考えもあるね」と謙虚に受け入れる。皆が、安心して安全に話すことができる。

2　人と異なる意見は、「私は」で話し始める

人と異なることを話す時は、「私は〜と思う」というように「私は」で話を始める。ありのままの自分として意見できる。

3　話してくれたことに感謝し、敬意を払う

仕事にかかわる意見を隠さずに話してくれたことに対し、敬意を払い、「ありがとう」「話してくれてよかった」と感謝する。メンバー同士が信頼できる。

4　わからないことは質問する

他の人もわからないと思っているかもしれないため、「もう少し詳しく教えてもらえますか？」と遠慮せずに礼儀正しく、質問してみる。互いに学び、責任感が高まる。

3　「話し合いのためのチェックリスト」で「話し合いの視点」を定める

　本書で提案する職場内研修のグループ作業の、もう一つのねらいである、「効果的な話し合い」を行うために、p.79以降の「話し合いのためのチェックリスト」（表8、表9）を用意しました。

　職場での話し合いは、建設的な解決策を目指すはずが、一部のメンバーの経験談や、意見ではなく愚痴や非難ばかりが聞かれることがあります。また、グループによっては話し合いの視点が仕事から大きく逸れたり、テーマが広がりすぎて、収拾がつかなくなってしまうこともあります。

　話し合いの視点を決めるうえで、「話し合いのためのチェックリスト」は羅針盤のような役割を果たします。職場や組織の弱みを改善するという視点だけでなく、強みを活かすという、事例の問題を複数の異なる角度から考える助けになるためです。そのため、グループ演習では、「話し合いのためのチェックリスト」を用います。このリストは、第2章で紹介した「介護職が仕事を続けたいと思う快適な職場づくりの5つのポイント」（p.23 参照）とその説明に該当します。具体的には、介護現場の事例について話し合うにあたり、その事例の課題をどのような視点から話し合うかを考えて、このリストから項目を選びます。選ぶのは一つでも複数でも構いません。この選んだ項目が、事例における課題の解決に向けた「話し合いの視点」となります。

　この作業は、課題の解決に向けて、参加者同士で異なる角度、つまり強みと弱みの両面から考え、話し合いの視点を定めるとともに、視点から大きく逸れずに活発な話し合いができるよう後押しします。そして、自分たちの考えや思いを重ね合わせるなかで、新しいアイデアや職場や組織の特性に合う解決策を導くことができるようになります。

４ 「話し合いの目的」と「職業人としてやってはいけないこと」を話し合う

　「話し合いの視点」が定まったら、次は「話し合いの目的」と「職業人としてやってはいけないこと」について、話し合います。

　この一連のグループ作業について、第1章の p.7 〜 8 で紹介した看護師の A さんの事例を例に説明してみましょう。

　まず、「話し合いのためのチェックリスト」のなかから話し合いの視点を選ぶ場合、【職場の人とのつながり】という強みに着目した場合は、「メンバーとの仕事上の結束力」や「メンバーとの仕事の目標の共有」という項目がチェックリストから選ばれるかもしれません。その視点から話し合う場合は、現在の職場の強みを利用することで再発防止の方法が明らかになるでしょう。

　【職場運営のまずさ】という弱みに着目した場合は、「能力と経験を汲みづらいスタッフの配置」という項目がチェックリストから選ばれるかもしれません。その視

点から話し合う場合は、職場の人材配置の問題から再発防止の糸口がみつかるでしょう。

　次に、「話し合いの目的」について、看護師のＡさんの事例では、「同じような事故につながりかねない失敗を繰り返さないよう、再発防止について学ぶ」といったことが例として挙げられるでしょう。

　さらに、「職業人としてやってはいけないこと」について、看護師のＡさんの事例では、「事故につながりかねない失敗をしながら職場に報告せずに隠す」といったことが例として挙げられるでしょう。

　そして、このグループ作業のなかで行われる話し合いにおいて、「話し合いの４つのルール」を守ることを通して、心理的安全性を体験することができます。

表8 ● 話し合いのためのチェックリスト　▶強みを活かす　　⬇DL

「介護の仕事への愛着」の強み

優先　該当

☐　☐　高齢者と接することの楽しさ

楽しかったですね

☐　☐　人生の先輩の最期の時間への
　　　思いと共感

長く生きてきたよ…

☐　☐　利用者と家族からの感謝

ありがとう。助かります

「職場の人とのつながり」の強み

優先　該当

☐　☐　管理者・リーダーの言葉がけや支え

頑張っているね。
ありがとう

☐　☐　メンバーとの仕事上の結束力

協力してやっていこう

☐　☐　メンバーとの仕事の目標の共有

安全で安心なケアを目指す！

☐　☐　立場にかかわりなく友好な人間関係

いい提案ね！　どうでしょうか？

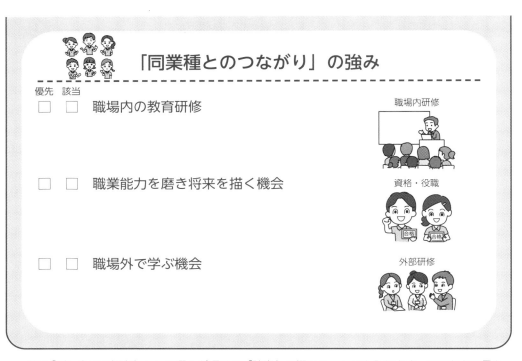

「同業種とのつながり」の強み

優先　該当
☐　☐　職場内の教育研修
職場内研修

☐　☐　職業能力を磨き将来を描く機会
資格・役職

☐　☐　職場外で学ぶ機会
外部研修

注：「話し合いの視点」として選んだ項目の「該当」の欄にチェックを入れます。そのなかで最も
　　優先したい項目には、さらに「優先」の欄にチェックを入れます。

表9●話し合いのためのチェックリスト　▶弱みを改善する　⬇️DL

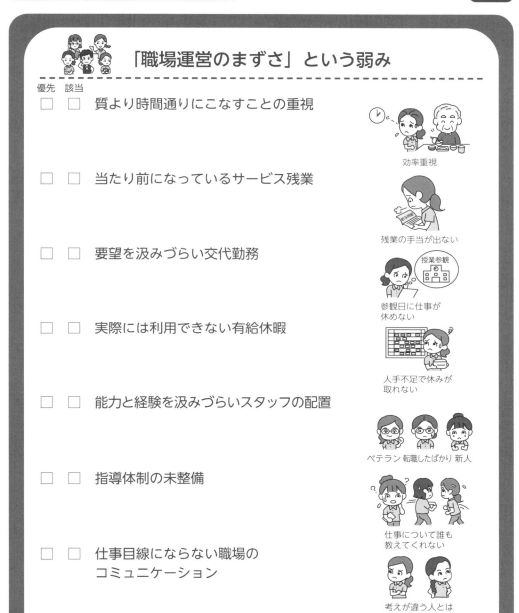

「職場運営のまずさ」という弱み

優先　該当

☐　☐　質より時間通りにこなすことの重視

効率重視

☐　☐　当たり前になっているサービス残業

残業の手当が出ない

☐　☐　要望を汲みづらい交代勤務

授業参観
参観日に仕事が
休めない

☐　☐　実際には利用できない有給休暇

人手不足で休みが
取れない

☐　☐　能力と経験を汲みづらいスタッフの配置

ベテラン　転職したばかり　新人

☐　☐　指導体制の未整備

仕事について誰も
教えてくれない

☐　☐　仕事目線にならない職場の
　　　　コミュニケーション

考えが違う人とは
話をしない

「未整備な組織の体制」という弱み

優先	該当		
☐	☐	あいまいな人材の採用と指導方針	採用！ 経験、資格動機は関係なし
☐	☐	不透明な人事評価	役職はどうやってつく？
☐	☐	わかりづらい給与体系	給与明細書 処遇改善手当って
☐	☐	将来のキャリアが描けない教育体制	キャリアアップ？
☐	☐	業務の見直しと改善が活かせない体制	業務の評価と改善がない
☐	☐	安全管理の体制のまずさ	腰痛や転倒が多い
☐	☐	上職位の一言で物事が決まってしまう風土	役職者の一言で決まる
☐	☐	心の健康を含む職員への支援不足	暴力やセクハラの対策なし

注：「話し合いの視点」として選んだ項目の「該当」の欄にチェックを入れます。そのなかで最も優先したい項目には、さらに「優先」の欄にチェックを入れます。

やってみよう！
「心理的安全性」を保ち、
「効果的な話し合い」を
学ぶ職場内研修

1 心理的安全性を保ち、「効果的な話し合い」を学ぶ職場内研修

本書で提案する職場内研修は、リーダーや主任といった管理職に導かれるまでもなく、職場のメンバーそれぞれが、仕事に関連する考えや感情を気兼ねなく職場や組織の人々に発言できる雰囲気（心理的安全性）を保ち、効果的な話し合いを職場で実践できるようになることを目指しています。そのため、第2章で紹介した、心理的安全性を保ちながら職場の問題を解決するための、管理職の務めの3つの点（p.14参照）が研修の要素として含まれています。

1つ目の「土台づくり」については、問題の枠組みをはっきりとさせるために、「話し合いのためのチェックリスト」を活用し、事例における課題を異なる複数の角度から考え、グループ作業で、「話し合いの視点」を定め、「話し合いの目的」を決めます。2つ目の「参加しやすい話し合いの場づくり」については、グループ作業での話し合いで「話し合いの4つのルール」を活用します。3つ目の「適切な職業人としての対応」については、「話し合いの視点」を決めた後、事例における課題の解決に向けた「話し合いの目的」と「職業人としてやってはいけないこと」についてグループで考えます。

今回の介護現場の事例を用いた職場内研修では、事例における課題の解決を最終目標にはしていません。大切なのは、心理的安全性を保ちながら、グループで介護現場における事例の課題の解決に向けた「話し合いの視点」を定めて、話し合いを進めるということです。そのため、事例における課題の解決のための話し合いの導入までの内容に留めています。

職場内研修を行うことに慣れていない介護事業所でも、気軽に実施できるよう、本書では研修用の教材と資料を提供しています。これらを用いることで、気軽に、また確実に、職場内研修を自分たちの力で行うことができます。

教材としては、まず介護現場の事例として、第3章で紹介した9つの事例を用います。この9つの事例については、ドラマ仕立ての映像も用意しました。映像は、QRコードを読み込むか、巻末に掲載されているURLから視聴できます。研修参加者は映像を視聴することで、事例の理解をより深めることができます。

職場内研修で使用する講義の内容については、音声付きのパワーポイントのスライドを用意しました。このスライドを活用することで、研修の一連の流れを自動的

に進行することができます。また、参加者に配付する資料（<kbd>↓DL</kbd>が付いている資料）
は、巻末に掲載した URL よりダウンロードして印刷できます。

　なお、外国人介護職も職場内研修に参加できるよう、「話し合いの 4 つのルール」
と「話し合いのためのチェックリスト」、9 つの事例と個人作業の内容は、ベトナ
ム語、インドネシア語、ネパール語、中国語の資料を別途用意しています。

2 本書の教材・資料を活用して行う職場内研修の進め方

1 職場内研修の流れ

　本書の事例や付録のスライドを使って行う職場内研修の流れを紹介します。まず、準備として研修で用いる事例を、本章の「3．職場内研修で用いる事例と解説」（p.91～参照）から2つ選びます。1事例目でウォーミングアップをして、2事例目で本格的に取り組むイメージです。

　研修前の準備は丁寧に行いましょう。配付資料として、2つの事例と個人作業・グループ作業の内容、事例のポイントと事例のまとめをダウンロードして、人数分印刷します。また付録のパワーポイントのスライドと2つの事例の映像について、事前に動作に問題がないか確認しておきましょう。職場内研修の具体的な流れは、表10の通りです。図8（p.90参照）には、時間配分の目安も示していますので、参考にしてください。

　2回目以降の研修では、スライドの事例を入れ替えて実施してみましょう。2回目、3回目と話し合いに慣れてきた場合は、グループ作業（2）のなかで、「話し合いの視点」「話し合いの目的」「職業人としてやってはいけないこと」を踏まえたうえで、「どのような解決策があるか」を具体的に話し合うと、実際に職場で困っている課題の解決に向けた展開ができるでしょう。

表10 ● 職場内研修の流れ

過程	研修の運営	グループの進行役
1．導入	説明：目的・目標・方法 「話し合いの4つのルール」	グループの進行役を1～2名決める 事例を視聴する・読む
2．1事例目 ①事例の理解 ②個人作業	1事例目の理解：映像を流す **個人作業の案内** ・登場人物の思いや背景、対応を考える	事例を理解する 個人の考えを簡単にメモする
③グループ作業	**グループ作業の案内** ・個人作業の発表を行う	「話し合いの4つのルール」を守り進行する 意見交換を促し、まとめる
④振り返り （1事例目）	振り返り：グループで振り返る	話し合いを振り返り、感想を発表する
3．2事例目 ①事例の理解 ②個人作業	2事例目の理解：映像を流す **個人作業の案内** ・登場人物の思いや背景、対応を考える	事例を理解する 個人の考えを簡単にメモする
③グループ作業 （1）	**グループ作業（1）の案内** ・個人作業の発表を行う	「話し合いの4つのルール」を守り進行する
④グループ作業 （2）	**グループ作業（2）の案内**：以下を話し合う —「話し合いの視点」「話し合いの目的」 —「職業人としてやってはいけないこと」	意見交換を促し、まとめる 「話し合いの4つのルール」を守り進行する 意見交換を促し、話し合い、まとめる
⑤振り返り （2事例目）	振り返り：発表するグループを指名する —「話し合いの視点」「話し合いの目的」 —「職業人としてやってはいけないこと」 ・「話し合いの4つのルール」が守れたか	話し合いを振り返り、まとめる
4．まとめ	**まとめ** 参加者をねぎらい、アンケートを回収し終了後の資料を配付する	資料を受け取りアンケートに協力する

第5章　やってみよう！「心理的安全性」を保ち、「効果的な話し合い」を学ぶ職場内研修

職場内研修の進め方

１．導入・講義

　本書の各事例の「事前配付資料」および「アンケート調査票」を印刷し、参加者に配付します。配付資料は、いずれもダウンロードして印刷することができます。参加者は３人一組のグループに分かれて着席し、付録のスライドに沿って講義を聴講します。

表11 ●配付資料一覧

・話し合いの４つのルール（p.76参照）
・話し合いのためのチェックリスト（p.79参照）
・事例および個人作業・グループ作業の内容【２事例分】（p.92～参照）
・アンケート調査票

注：必要に応じて、「事例のポイント」と「事例のまとめ」【２事例分】（p.92～参照）を用意し、研修後に配付する。

２．１事例目

　各作業に慣れることをねらいとしているため、個人作業（①、②）およびグループ作業（③、④）までを行います。

過程	研修の運営	グループの進行役
①事例の理解 ②個人作業	1事例目の理解：映像を流す 個人作業の案内※ ・登場人物の思いや背景、対応を考える	事例を理解する 個人の考えを簡単にメモする
③グループ作業	グループ作業の案内※ ・個人作業の発表を行う	「話し合いの4つのルール」を守り進行する 意見交換を促し、まとめる
④振り返り （1事例目）	振り返り※：グループで振り返る ―「話し合いの4つのルール」が守れたか ―公平に発言の機会があったか	話し合いを振り返り、感想を発表する

※はスライドを用いる

３．２事例目

個人作業（①、②）およびグループ作業（③〜⑤）を行います。

過程	研修の運営	グループの進行役
①事例の理解 ②個人作業	２事例目の理解：映像を流す 個人作業の案内※ ・登場人物の思いや背景、対応を考える	事例を理解する 個人の考えを簡単にメモする
③グループ作業 （1）	グループ作業(1)の案内※ ・個人作業の発表を行う	「話し合いの４つのルール」を守り進行する 意見交換を促し、まとめる
④グループ作業 （2）	グループ作業(2)の案内※：以下を話し合う —「話し合いの視点」「話し合いの目的」 —「職業人としてやってはいけないこと」	「話し合いの４つのルール」を守り進行する 意見交換を促し、話し合い、まとめる
⑤振り返り （２事例目）	振り返り※：指名したグループは発表する —「話し合いの視点」「話し合いの目的」 —「職業人としてやってはいけないこと」 ・「話し合いの４つのルール」が守れたか	話し合いを振り返り、まとめる

※はスライドを用いる

４．まとめ

　スライドの講義のまとめを聴講した後、参加者全体で参加者全員をねぎらいます。事前に配付したアンケートを回収し、「事例のポイント」「事例のまとめ」を配付して終了します。

　グループ作業では、話し合いの内容を一生懸命に記録するあまり、話し合い自体にあまり参加しない人も出てくるかもしれません。しかし、この研修は事例における課題の解決策の良し悪しを評価することがねらいではありません。心理的安全性を保ちながら、グループでの話し合いで活発な意見交換をすることが重要なのです。そのため、話し合いの内容を記録する場合は、簡単なメモ程度に留め、できる限り話し合いに集中して、参加してもらいましょう。

図8●職場内研修の進め方（付録のスライドと映像を用いるパターンで80分／回の場合）

時間	過程	研修の運営	グループの進行役	参加者
9分	1．導入	説明：目的・目標・方法※「話し合いの4つのルール」	グループの進行役を1〜2名決める	グループの進行役を1〜2名決める
4分	2．1事例目 ①事例の理解	1事例目の理解：映像を流す	事例を理解する	事例を理解する
5分	②個人作業	個人作業の案内※ ・登場人物の思いや背景、対応を考える	個人の考えを簡単にメモする	個人の考えを簡単にメモする
5分	③グループ作業	グループ作業の案内※ ・個人作業の発表を行う	「話し合いの4つのルール」を守り進行する 意見交換を促し、まとめる	個人作業の内容を発表し、意見交換する
5分	④振り返り（1事例目）	振り返り※：グループで振り返る —話し合いの「4つのルール」が守れたか —公平に発言の機会があったか	話し合いを振り返り、感想を発表する	話し合いを振り返り、感想を発表する
4分	3．2事例目 ①事例の理解	2事例目の理解：映像を流す	事例を理解する	事例を理解する
5分	②個人作業	個人作業の案内※ ・登場人物の思いや背景、対応を考える	個人の考えを簡単にメモする	個人の考えを簡単にメモする
5分	③グループ作業（1）	グループ作業（1）の案内※ ・個人作業の発表を行う	「話し合いの4つのルール」を守り進行する 意見交換を促し、まとめる	個人作業の内容を発表し、意見交換する
25分	④グループ作業（2）	グループ作業（2）の案内※：以下を話し合う —「話し合いの視点」「話し合いの目的」 —「職業人としてやってはいけないこと」	「話し合いの4つのルール」を守り進行する 意見交換し、話し合い、まとめる	意見交換し、話し合い、まとめる
10分	⑤振り返り（2事例目）	振り返り※：指名したグループは発表する —「話し合いの視点」「話し合いの目的」 —「職業人としてやってはいけないこと」 ・「話し合いの4つのルール」が守れたか	話し合いを振り返り、まとめる	話し合いを振り返り、感想を述べる
3分	4．まとめ	まとめ※ 参加者をねぎらい、アンケートを回収し終了後の資料を配付する	資料を受け取りアンケートに協力する	資料を受け取りアンケートに協力する

※はスライドを用いる

3 職場内研修で用いる事例と解説：映像も一緒に使ってみよう

　本書で提案する職場内研修は、職場での課題について「心理的安全性」を保ちながら、話し合う体験をすることが一番のねらいです。他のメンバーの意見を遮ったり、軽視するといった「心理的安全性」が保てなくなるようなふるまいに気づき、修正するためには、身近な事例を使ってグループで話し合うことが効果的です。なぜなら身近な事例について話し合うと、普段の職場での自分の言動やふるまいが表れやすくなるからです。

　そこでこの研修では、ケースメソッドというグループ演習の形に倣って取り組みます。ケースメソッドとは、事例については事実を並べた大まかな情報に限って示し、事例の細かな情報は研修の参加者がグループで考え、仮定したうえで事例の課題について、グループメンバーで話し合う形式の研修です。

　このケースメソッドに倣った事例の課題について、グループで「話し合いの視点」を決めることが研修の次のねらいです。つまり、心理的安全性を体験しながら、効果的な話し合いの方法を学ぶことがこの研修の2つ目のねらいなのです。グループの話し合いで得られた解決策を評価することがねらいではありません。

　職場内研修で用いる9つの事例には、ドラマ仕立ての映像も用意してあります。参加者は映像を視聴することで、事例の理解をより深めることができますので、ぜひ使ってみてください。

　配付資料には、研修中に使用するものと研修後の振り返りに使用するものがあります。振り返りで使用する【事例のポイント】と【事例のまとめ】で事例の課題解決のための効果的な話し合いの視点について解説しています。

　繰り返しになりますが、この研修では、グループの話し合いから得られた解決策を評価することがねらいではなく、心理的安全性を体験する話し合いの過程こそが学びのねらいなのです。そのことを参加者に理解してもらい、研修を進めることが大切です。

パート職員と正社員の立場の違いによる 仕事への意識の違い ⬇DL

登場人物 パート介護職の東山さん、正社員の西川さん、
利用者家族の山田さん

　パートの介護職の東山さんは、定時になると仕事の途中でも、中断して申し送りをせずにさっさと帰ってしまいます。昨日も先週の月曜日も同じような状況で仕事を中断して帰ってしまいました。

　そのため、正社員の介護福祉士の西川さんは十分な申し送りを受けることなく、夜勤シフトに入りました。パートの東山さんの記録には、利用者の山田さんについて「今朝からほとんど食事がとれていない。食欲がないようだ」と書いてありましたが、西川さんはそのことを知りませんでした。

　夜の面会時間に、利用者の山田さんの娘が来て、西川さんに「あの……。父は総入れ歯をつけて食事をするのですが、また、入れ歯が入っていないんです。歯がなければ噛めないので、父は食事の量がとれていないのではないでしょうか」と尋ねてきました。

　山田さんの娘は、「父がかわいそう。お腹が空いているだろうに。これで3回目なんです。父を自宅で看られない私たちが悪いんでしょうけれど……」と目に涙を浮かべました。西川さんが慌てて山田さんの口の状態を確認したところ、入れ歯は入っていませんでした。そのため西川さんは、山田さんの娘に深々と頭を下げてお詫びの言葉を述べ、そして「今後は十分に注意します」と伝えました。

　翌日、申し送りをせずに仕事を途中で切り上げて帰ったパートの介護職の東山さんに対して、西川さんが注意をしました。すると、東山さんはムッとして「用事があったんです。私はパートなので契約どおりの時間に切り上げてなぜ悪いんですか？　パートが残業しないで注意されるなら、私は仕事を続けられません」と話しました。

1．個人作業

1．あなたがパート介護職の東山さんであれば、どのような背景や思いがあると考えますか？

2．あなたが山田さんの娘であれば、どのように思い、どうしてほしいと思いますか？

3．あなたが正社員の西川さんであれば、どのように思い、どう対応しますか？

2．グループ作業

「話し合いの4つのルール」を守りながら話し合いましょう。

●話し合いの4つのルール

1．最後まで耳を傾け、ひとまず受け入れる
2．人と異なる意見は、「私は」で話し始める
3．話してくれたことに感謝し、敬意を払う
4．わからないことは質問する

1．個人作業で考えた登場人物の背景や思いについての内容をグループで発表し合いましょう。

2．グループでは、この事例の課題の解決に向けた話し合いをする場合、「話し合いのためのチェックリスト」のどの項目を「話し合いの視点」に選びますか？（複数選択は可能）

3．2で選んだ「話し合いの視点」から、この事例の課題解決のための「話し合いの目的」を考えましょう。

4．この事例のなかで「職業人としてやってはいけないこと」があるとすれば、どのようなことが考えられるかを話し合いましょう。

　この研修では、職場の課題について「心理的安全性」を保ちながら、話し合う体験をすることを一番のねらいとしています。話し合いで得られた解決策を評価することがねらいではありませんが、実際の職場で話し合う時の参考までに【3．事例のポイント】と【4．事例のまとめ】で効果的な話し合いの視点について解説します。

3．事例のポイント

　この事例を通して、あなたは「定時になったからと言って仕事の途中で申し送りもせずに帰るとは、パートといえど、東山さんは何て責任感のない職員なのだろう」と思ったでしょうか。「その結果、利用者の山田さんは満足に食事がとれず、娘さんを心配させてしまい、代わりに対応してくれた西川さんに注意されたら、今度は『仕事は続けられない』と脅し文句まで言って開き直るなんて、とんでもない介護職員だ」と思ったでしょうか。

　事例１の情報に限られると、確かにそう思うかもしれません。しかし、東山さんなりに事情があったのかもしれません。例えば、子どもの保育園や塾の迎え、老親の世話などで時間に追われていたのかもしれません。パートという理由で教育や研修も十分に受けられず、見よう見まねで仕事を覚えるなかで、教えられてもいないことを求められ、間違えるたびに指摘されていたかもしれません。先輩の正社員である西川さんの注意の仕方に気分を害したのかもしれません。それぞれの登場人物の言い分に耳を傾けてみると、隠れていた職場や組織の課題が見えてくることもあります。

　登場人物の個人の課題という視点ではなく、職場や組織の課題として捉え、「話し合いの視点」について考えてみましょう。

4．事例のまとめ

1．効果的な話し合いのコツ：事例の課題を別の角度から考える

　ともすれば、今回の事例はパート職員の東山さんと正社員の西川さんの対立といったことに終始してしまう可能性があります。しかし、この事例で忘れてはならないのが、利用者の安全・安心・安楽といったケアの方針を大事にするという点です。介護職の東山さんの失敗が、利用者の山田さんに対し、満足に食事がとれない状況を引き起こしてしまったことは事実です。また、山田さんの家族の不安や心配、不信感も招いてしまいました。つまり、利用者の安全・安心・安楽というケアの方針に立ち返って、「同じ問題を再発させない」という視点が職場の話し合いでは必要です。

2．適切な職業人としての対応

　「申し送りを行う」ことが職場のルールとして決められているのであれば、東山

さんが申し送りをせずに帰宅してしまう行為は、組織の一員としては非難されても仕方がないでしょう。そのため、職場のルールを理解し、守ってもらう必要があります。東山さんの管理・監督をする役割の管理職から伝えて、協力を要請します。その場合は、先に述べたように本人の価値観や考えには共感しつつも、利用者の安全・安心・安楽といったケアの方針から守るべき職場や組織のルールであることを、敬意を払いながら伝えるとよいでしょう。

　一方、パートという働き方を東山さんが選択した理由が、残業ができないことが背景にあるのであれば、定時に終了する場合の申し送りについて、改めてどのような方法であれば今回のような問題が起こらないか、職場や組織の課題として捉え、話し合いで考える必要があるでしょう。

　これらを踏まえ、職場内研修でのグループ作業ではメンバー間で話し合い、「話し合いのためのチェックリスト」から「話し合いの視点」を選択するとよいでしょう。

コラム 1　認知症の人とその家族の理解

認知症の人の行動の背景

　人の行動には、必ず理由があります。認知症の人は、その行動の理由をうまく説明することができないために、介護者にとって、一見不可解と思えるような行動をとることがあります。しかし、例えば、認知症の行動・心理症状（Behavioral and psychological symptoms of dementia：BPSD）と呼ばれる、介護の拒否、興奮、さまざまな妄想、夜間に活動的になり眠れない、無気力に思える様子などにも必ず理由があります。それを理解するために、その人のこれまでの生活歴や今の思いを知り、行動の意味を推測することは介護の専門性といえます。

　認知症の人は、すでに亡くなっている親や配偶者をまだ生きていると頑なに信じていたり、すでにない自宅に帰りたがることがあります。また、施設の中で一日中かばんを持ち歩いたり、ティッシュペーパーをポケットいっぱいに詰め込んで歩き回るような行動をすることがあります。これらに共通することは、不安感があり、それを補おうと心の拠り所を探し、安心を感じられる愛着のある人や物を求めているということです。だからこそ、行動を止めようとするのではなく、また無視するのではなく、安心を感じられることは何かを知り、心の拠り所となることは何かを考える必要

があります。安心が感じられなかったり、拠り所を得られなかったときにBPSDが発生するのです。

　家族は拠り所の一つです。家族の写真を用いて家族の話をしてみましょう。そしてその話を落ち着いて、ゆっくりと聴くことを心がけましょう。もう存在しない家族に会いたいと懇願していても、その思いに耳を傾けることが一時的にでもその人に安心をもたらします。このようにかかわり方を変えることで親や家族、特定の物への固執が消えることもあります。

介護サービスを利用する家族の思いを知る

　認知症の人の家族には、複雑な思いがあります。認知症の人と一緒に暮らしたいという思いと、解放されたいという相反する感情です。そのために、認知症の人の施設入所を家族自らが選択したとしても後悔の念や後ろめたさをいつまでも感じ、葛藤を抱え続けることがあります。その結果、施設の職員に過剰な期待をしてしまうこともあります（投影）。一方で、まるで関心がなくなったかのように、施設に一切顔を出さない家族もいます（逃避）。このような家族に対して、職員はどのようにかかわったらよいのでしょうか。

　過去の複雑に絡み合った家族関係からこのような態度になってしまっているのかもしれませんが、それを今さら解きほぐしたり、修復しようとしたりする必要はありません。大切なことは、家族関係でうまくいっていることを見つけることです。家族関係の場合、問題やその原因を直そうとするのではなく、うまくいっているところ、強調したいところ、よいところを見つけるようにしましょう。時々は施設に来てくれるのであれば、それを繰り返してもらうための声かけをします。職員へ過剰な注文をするのであれば、一緒にできることを探します。うまくいっていることは変える必要はありません。解決の糸口は、家族自身がもっていると信じ、どのような関係になればいちばんよいのかというイメージを職員と家族が共有できるよう心がけましょう。これを繰り返すことによって、いつの間にか過去のしがらみや複雑な感情も解かれていくことがあります。過去ではなく、これからの関係を家族と一緒に探していきましょう。
　　　　　　　　　　　　　　　　　　　　　　　　　　　　　（矢吹知之）

事例 2　新人の手本となるべき先輩の言葉づかいとふるまい

登場人物　新人介護職の森下さん、先輩介護職の林さん

　祖母が大好きだった森下さんは、祖母を看取った経験から、何か高齢者の役に立ちたいと思い、介護福祉士の資格を取りました。新人介護職として就職した施設は、要介護度の高い利用者が多く、忙しい日々を過ごしていました。

　森下さんは利用者へのケアを通して、自分の祖母にしてあげられなかったことを利用者の家族に代わってしてあげることに、誇りややりがいを感じていました。しかし、仕事に慣れてきた森下さんは、徐々に先輩の林さんと一緒に仕事をすることが苦痛になってきました。

　理由は、林さんが認知症の利用者に対して「こらっ」「ばあさん」「じいさん」といった失礼な言葉を使い、乱暴な方法で身の回りの介助をすることが日常的にあり、しかも、新人の森下さんの目の前でも全く気にしていないからです。

　森下さんは高齢の利用者に対して、優しく、丁寧なケアを行うことで残りの人生の時間をその人らしく過ごせるような支援をしたいと思っていました。そのため先輩の林さんと同じシフトで仕事をすると、いつも気持ちが滅入りました。しかし、誰にも相談できず、不本意なケアをしなくてはならない状況に、森下さんは次第に仕事に行くのがいやになり、元気がなくなってきました。

1．個人作業

1．あなたが新人の森下さんであれば、どのように思い、どのようにしてほしいと思いますか？

2．あなたが先輩の林さんであれば、どのような背景や思いがあると考えますか？

3．あなたが森下さんと林さんの上司であれば、どのように思い、どのように対応しますか？

２．グループ作業

「話し合いの４つのルール」を守りながら話し合いましょう。

● 話し合いの４つのルール

> １．最後まで耳を傾け、ひとまず受け入れる
> ２．人と異なる意見は、「私は」で話し始める
> ３．話してくれたことに感謝し、敬意を払う
> ４．わからないことは質問する

１．個人作業で考えた登場人物の背景や思いについての内容をグループで発表し合いましょう。

２．グループでは、この事例の課題の解決に向けた話し合いをする場合、「話し合いのためのチェックリスト」のどの項目を「話し合いの視点」に選びますか？（複数選択は可能）

３．２で選んだ「話し合いの視点」から、この事例の課題解決のための「話し合いの目的」を考えましょう。

４．この事例のなかで「職業人としてやってはいけないこと」があるとすれば、どのようなことが考えられるかを話し合いましょう。

　この研修では、職場の課題について「心理的安全性」を保ちながら、話し合う体験をすることを一番のねらいとしています。話し合いで得られた解決策を評価することがねらいではありませんが、実際の職場で話し合う時の参考までに【３．事例のポイント】と【４．事例のまとめ】で効果的な話し合いの視点について解説します。

３．事例のポイント

　この事例を通してあなたは、高齢者の役に立ちたいという目標をもって介護福祉士の資格を取り、張り切っていた新人の森下さんについて、「現場の仕事は、教科書通りにはいかないのは当たり前だ」「経験不足なので仕方がないが、夢に描いていたものとは違うのが仕事だ」と思ったでしょうか。あるいは、先輩の林さんについて、「初めての職場で、新人の手本となるべき先輩が、利用者に対して荒っぽい言葉を使うなど、もってのほかだ」「後輩の仕事への意欲まで台無しにしてしまうなんてひどい」と思ったでしょうか？　確かに、そういう見方もあるでしょう。

　一方で、この事例では他の介護職についての情報はありません。しかし、先輩の林さんが躊躇(ちゅうちょ)なく、新人の森下さんの前で、利用者に荒っぽい言葉を使い、乱暴なふるまいをすることが許されている職場であることがうかがえます。林さんも、もしかしたら、新人だったころは森下さんと同じようにショックを受けてきたかもしれません。あるいは、これまで働いてきて特に注意されることもなかったので、自分のやり方を通しているのかもしれません。それぞれの登場人物の言い分に耳を傾けてみると、隠れていた職場や組織の課題が見えてくることもあります。

　登場人物の個人の課題という視点ではなく、職場や組織の課題として捉え、「話し合いの視点」について考えてみましょう。

４．事例のまとめ

１．効果的な話し合いのコツ：事例の問題を別の角度から考える

　ここで注意すべきは、「組織の規則や社会で守られているルールを守ること」、つまり、コンプライアンスの大切さです。このコンプライアンスについて、最近ではホームページ等で公開している組織も増えています。介護事業所では、利用者に対する職員のふるまいについてのルールやその違反行為について示し、周知しているところもあります。

　この事例では、改めてコンプライアンス、つまり「組織の規則や社会で守られているルールを守ること」が、介護職による利用者への言葉がけやふるまいとつながっているということを、職場のメンバー全員が理解する必要があります。

２．適切な職業人としての対応

　この事例で「職業人としてやってはいけないこと」については、一歩間違えれば利用者の人権を軽んじ、侵害するかもしれない言葉かけやふるまいが、まず、挙げられるでしょう。新人の森下さんの戸惑いは、そのようなふるまいが、いかに問題であるかを表しているといえます。森下さんの素直な反応は、職場の本質的な問題を浮き上がらせ、改善のきっかけとなるでしょう。

　これらを踏まえ、職場内研修でのグループ作業ではメンバー間で話し合い、「話し合いのためのチェックリスト」から「話し合いの視点」を選択するとよいでしょう。

コラム2　日常倫理を大切にする

　介護の現場では、「倫理」という言葉を耳にする機会が多いと思います。例えば、終末期の意思決定における支援や胃ろうを行うかどうかなど、人生を左右する場面、介護保険施設では原則禁止されている身体拘束に関して議論する場面などです。

　一方で「日常倫理」とは、決められた日常生活が全て適切に行われていることが生活援助の目標になりがちである介護施設において、利用者の日常生活のなかで起こるありふれた事柄に注意を向けることをいいます*。つまり、常に日常生活のなかで利用者の自立・自律を支え、尊重できるよう配慮や気づかいをしながらかかわることが日常倫理を大切にしたケアとなります。しかし、介護施設は、生活の場であることや比較的長い期間を過ごす施設であるため、利用者とスタッフの間の慣れが生じやすくなります。また、スタッフは少ない人数で多くの高齢者のケアを行うため、常に時間に追われる状況があります。その環境が日常倫理を意識しづらくさせます。例えば、言葉づかいへの気配りが難しくなる、車いすを押すスピードが速くなる、高齢者のペースに合わせた対応が難しくなることもあるかもしれません。これらはいずれも倫理観を求められるケアの場面といえます。

　介護職は、高齢者とのかかわりのなかで、単に自分の業務として遂行するのではなく、さまざまな配慮や気づかいを行うなど、相手の立場に立ちながらケアしていると思います。また、高齢者の「できないこと」ではなく、「できること」「できるかもしれないこと」を考えながら、高齢者が失敗や難しさを過度に感じることがないように力を引き出すかかわりや見守りをしていると思います。これらは、他人からは見えにくいケアではありますが、その気づかいや配慮がケアの一つとして存在し、常に高齢者の尊厳を守るかかわりになっています。

　そこで、ケアの一つとして「当たり前」に行っている配慮や気づかいを、スタッフが互いに言葉にして伝え合うことが大切になります。それが日常倫理を大切にしたケアを実践しているという自信につながり、スタッフの倫理観を育てながら高齢者にとって心地よい生活の場をつくることにつながります。　　　　　　　　　（杉山智子）

---

* Kane, R. A. & Caplan, A. L., *Every Ethics : Resolving Dilemmas in Nursing Home Life*, Springer publishing Company, 1990.

事例 3　仕事のミスが改善しないスタッフの職場での孤立 ⬇DL

登場人物　介護職の鈴木さん、リーダーの松本さん、
利用者の山本さんの家族、スタッフ

　介護職の鈴木さんは、3か月前に他業種から転職してきました。利用者の眠前の薬が追加になったことが申し送られず与薬されないなど、鈴木さんの勤務の後は、必ずといってよいほど問題が起こります。しかも悪びれる様子もありません。スタッフは必ず後で慌てる結果になり、困っていました。

　ある日、利用者の山本さんの家族から「今日、面会時に外出を希望したいのですが、問題ないでしょうか」と電話で問い合わせがありました。鈴木さんは、十分に確認せず「大丈夫ですよ」と答えましたが、山本さんはその日は午前には入浴、午後にはリハビリテーションの予定が入っていました。そのため十分な面会も外出もできずに山本さんの家族は帰ることになってしまいました。「遠くから来るので電話で確認したのに……」と不満を漏らす家族に、リーダーの松本さんが平謝りしました。

　問題が起こるたびにリーダーの松本さんは、鈴木さんにしっかりしてほしいと思っていました。しかし以前、鈴木さんに仕事で注意をした後で、「パワハラを受けた」と部長に報告されたことがあり、それ以降、松本さんは鈴木さんへの注意を控えるようになったのでした。

　鈴木さんのトラブルについては、他のスタッフも、諦めの気持ちでいました。そして鈴木さんと同じシフトで仕事をするときも、かかわりを避けるようになりました。次第に鈴木さんは職場で孤立するようになってしまいました。

1．個人作業

1．あなたが鈴木さんであれば、どのような思いや背景があると考えますか？

2．あなたが山本さんの家族であれば、どのように思い、どうしてほしいと思いますか？

３．あなたがリーダーの松本さんであれば、どのように思い、どのように対応しますか？

２．グループ作業

「話し合いの４つのルール」を守りながら話し合いましょう。

●話し合いの４つのルール

> １．最後まで耳を傾け、ひとまず受け入れる
> ２．人と異なる意見は、「私は」で話し始める
> ３．話してくれたことに感謝し、敬意を払う
> ４．わからないことは質問する

１．個人作業で考えた登場人物の背景や思いについての内容をグループで発表し合いましょう。

２．グループでは、この事例の課題の解決に向けた話し合いをする場合、「話し合いのためのチェックリスト」のどの項目を「話し合いの視点」に選びますか？（複数選択は可能）

３．２で選んだ「話し合いの視点」から、この事例の課題解決のための「話し合いの目的」を考えましょう。

４．この事例のなかで「職業人としてやってはいけないこと」があるとすれば、どのようなことが考えられるかを話し合いましょう。

　この研修では、職場の課題について「心理的安全性」を保ちながら、話し合う体験をすることを一番のねらいとしています。話し合いで得られた解決策を評価することがねらいではありませんが、実際の職場で話し合う時の参考までに【３．事例のポイント】と【４．事例のまとめ】で効果的な話し合いの視点について解説します。

３．事例のポイント

　この事例を通してあなたは、鈴木さんについて「仕事で失敗しても悪びれることもなく、失敗から学ぶことなどできない人だ」と思ったでしょうか。また、リーダーの松本さんは「パワハラという言葉に怖気づいて、何も言うことができない頼りない上司だ」または、「面倒くさい部下をもった気の毒なリーダーだ」と思ったでしょうか。

　事例3の情報に限られると、確かにそう思うかもしれません。しかし、登場人物はそれぞれの立場でその人なりの事情があったのかもしれません。例えば、鈴木さんは全くの異業種から転職してきたため、職場のメンバーが当たり前だと思っている仕事の確認作業を重要だと思っておらず、注意を払う気持ちがないのかもしれません。あるいは、仕事上の質問をすること自体が苦手で、誰にも聞かずに自己判断で仕事を進めてしまっているのかもしれません。一方、リーダーの松本さんは厳しい上司に教育されたため、パワハラととられかねないふるまいをしてしまい、部長に注意されて自信を失っているのかもしれません。また、職場では鈴木さんも松本さんも部長も「パワハラ」がどういうことを指すのかあいまいにしか理解できていないのかもしれません。

　それぞれの登場人物の言い分に耳を傾けてみると、隠れていた職場や組織の課題が見えてくることがあります。登場人物の個人の課題という視点ではなく、せっかく遠方から家族が会いに来たのに、十分に利用者に会えなかった状況を、職場や組織の課題として捉え、考えてみましょう。

４．事例のまとめ

１．効果的な話し合いのコツ：事例の問題を別の角度から考える

　この事例はともすれば、介護職の鈴木さんに対して「問題を起こす要注意人物である」という烙印を押して、排除してしまう方向に話が流れてしまうかもしれません。そうなると、鈴木さんは職場で孤立してしまうでしょう。遠方から来た山本さんの家族に迷惑をかけてしまうといった失敗を繰り返さないための対策は、鈴木さんを排除し、孤立させることではありません。利用者と家族の安心と満足といったことが組織の方針や職場の目標につながるという視点が必要です。併せて、働く職員にとっての快適な職場環境づくりという視点も求められます。

２．適切な職業人としての対応

　仕事を進めるうえで、「確認作業を行う」ということを職場のルールや決まりごととして、職場のメンバーが共通して認識している場合は、鈴木さんの今回の仕事のやり方は、組織の一員としては不十分なもので、改善が必要です。そのため、職場のルールや決まりごとであることを伝え、理解して守ってもらう必要があります。その役割は、リーダーの松本さんか、松本さんの上司にあります。

部下に注意・指導をする場合は、場所と伝え方に注意が必要です。大勢の前で指摘して指導するのではなく、１対１で指導できる場所を選びましょう。また、伝え方として「私も他のメンバーも誰でも失敗はしますよ」「失敗から学ぶことが大事なのです」というように、理解と共感を示しながら伝えたり、「○○しましょう」「○○しませんか」というように、仲間として協力を要請する伝え方であると、言われたほうはあまり抵抗感を感じないでしょう。さらに、改善してほしい点を、ほめ言葉を探して前後に挟んで伝える方法（コンプリメント・サンドイッチ）を使ってもよいでしょう。例えば、鈴木さんに①「いつも休まず頑張って仕事してくれてありがとう」というような感謝の言葉をかけた後に、②「山本さんのようにご家族が面会の時間を尋ねてきた時は、必ず、予定が入っていないか確認した後に予定の入っていない時間を伝えてもらえますか？」と改善してほしい点を伝え、③「利用者やご家族に満足してもらえるよう、配慮をしてもらえると助かります。鈴木さんならきっと上手くできると思いますよ」というように伝えるとよいでしょう。なお、人格を否定するような指摘は絶対に避けるべきです。

　失敗を繰り返す場合は、実践的な方法として、イラストや図などをふんだんに取り入れ、新入職者や外国人のスタッフにとってもわかりやすい注意書きやマニュアルを、職場のメンバーでつくって掲示したり、ファイルに整理するといった方法もあるでしょう。

　一方、このような必要かつ適切な仕事上の指導までも「パワハラだ」と言ってくる職員も時々います。しかし、仕事上の適切で必要な注意・指導はパワハラに該当しません（詳しくは「コラム③」を参照）。「パワハラ」「セクハラ」のようなカタカナ語の誤用や乱用をする人は、自分の失敗や間違いを指摘されたくないという心理から、このような用語を使って物事の本質を煙にまき、自分自身を守ろうとしていることがあります。しかし、どういう言葉やふるまいが「パワハラ」や「セクハラ」に該当するのかを理解していない場合は、言われた側の管理監督者が今度は恐れや不安を抱いて萎縮してしまいます。

　こうなると、仕事上の適切な指導ができず、それにより仕事での重大な問題や事故が職場で起こりかねません。このような事態にならないよう、どのような方法であれば問題が起こらないかを話し合いで考える必要があるでしょう。

　これらを踏まえ、職場内研修でのグループ作業では、メンバー間で話し合い、「話し合いのためのチェックリスト」から「話し合いの視点」を選択するとよいでしょう。

コラム3　パワーハラスメント

　あなたはこれまでに「パワハラ」という言葉を聞いたり、使ったりしたことは、ありますか。また、「パワハラって、何？」と聞かれた時に、正しく説明できますか。

　パワハラとはパワーハラスメントの略で、「①職場において、②職務上の地位や影響力に基づき、③相手の人格や尊厳を侵害する言動を行うことにより、④その人や周囲の人に身体的・精神的な苦痛を与え、その就業環境を悪化させること」[*1]を指します。2022年4月1日からは、すべての規模の事業主にパワーハラスメント対策が義務となりましたが、厚生労働省が示す資料では[*2]、職場において行われる(1)優越的な関係を背景とした言動であって、(2)業務上必要かつ相当な範囲を超えたものにより、(3)労働者の就業環境が害されるもの、という3つの要素をすべて満たすものがパワハラと定義されています。以下にもう少し詳しく説明しましょう。

　①の「職場において」とは、いつも仕事をする場所以外も含まれることがあります。例えば、介護事業所であれば利用者の自宅に行って仕事をする場合などです。また、休みの日に自宅に電話をかけて平日の仕事の失敗を長時間責める、といったこともパワハラの可能性があります。

　②の「職務上の地位や影響力に基づき」とは、職場の役職者だけでなく、その職場で影響力をもっている場合も含みます。例えば、介護現場のスタッフや非正規従業員であっても、経験や勤務の年数が長く、異動や着任したての役職者よりもずっと強い影響力をもつ場合があります。

　③「相手の人格や尊厳を侵害する言動を行う」とは、仕事とは関係ないことを取り上げて、「主任失格」「給料泥棒」などと言ったり、皆の前で繰り返し笑い者にするといった侮辱的な行為が該当します。電話や手紙、メールでの行為も含まれます。また仕事上の指導であっても、大声で怒鳴る、物を蹴る、机をたたく、といった乱暴なふるまいで感情的に叱る、何度もしつこく、また長時間にわたり叱り続けることも問題になります。

　④「その人や周囲の人に身体的・精神的な苦痛を与え」とは、処理できないほどの膨大な仕事を与える、逆に仕事を取り上げ関係ないことをさせる、職場で孤立させる、無視する、情報を与えないなどの妨害や、悪意のある行動によって苦痛を与える行為があたります。

パワハラが職場で起こると、被害にあった同僚を見ている他のスタッフも、次は自分が標的になるのではないかと萎縮し、職場環境が悪化してしまいます。一方、パワハラかどうかは、客観的に見て業務の適正な範囲であるかどうかで評価されます。つまり、本人がその原因となった出来事をどのように受け止めたかではなく、「多くの人々が一般的にどう受け止めるかという客観的な基準によって評価する」必要があります。

　最近は、個人の意識や価値観、家庭や教育機関で受けた注意・指導などの方法が変化し、職場での教育や指導になじめない人も増えています。職場の指導で、パワハラと言われない、言わせないための３つのポイントを、以下に挙げます。

１．注意・指導が必要な時は、業務時間中に行い、その際は場所や時間に配慮すること
２．問題点を指摘し、相手の人格を否定しないこと
３．自分の感情をぶつけず、相手の成長につながるように指導すること

　一方、パワハラの被害を受けた人から相談をもちかけられた場合は、まずは親身になって話を聴きましょう。その際は客観的な事実確認も行いながら、「つらかったね」と共感し話を聴きます。そのうえで、本人が何を望むのか、例えば、再発防止策を一緒に考える、ハラスメントを起こした当事者に研修を受講してもらう等を確認しましょう。

　事実確認をし、関係者と話し合い、パワハラである可能性が高いようであれば、プライバシーに十分配慮したうえで、加害者側への注意・指導等、被害を受けた人へのケアを行います。そして、同じことが繰り返されないよう職場や組織全体で、再発防止等に努めます。　　　　　　　　　　　　　　　　　　　　　（富永真己）

＊１　21世紀事業財団「職場におけるパワーハラスメントの防止のために．9版」．p29．2014年
＊２　厚生労働省都道府県労働局雇用環境・均等部（室）「職場におけるパワーハラスメント対策が事業主の義務になりました！」2022年

事例 4 認知症の利用者からの暴力への対応 ⬇DL

登場人物 利用者の小松さん、小松さんの娘、介護主任の堀田さん、
介護職の岡本さん

　利用者の小松さん（80歳代、女性）は認知症があり、若い男性介護職の岡本さんが担当になると、若い頃の夫と勘違いをして「あなた、お風呂？　それともご飯にする？」などと声をかけてきます。

　最初は笑っていた岡本さんも、小松さんが「あなた、どこに行ってたの！　またあの女のところに行ってたんでしょう！」と、岡本さんの腕を平手でたたきながら、しつこく罵声を浴びせるようになるとさすがに困ってしまい、このことを介護主任の堀田さんに報告しました。

　介護主任の堀田さんは、小松さんの様子を面会に来た小松さんの娘に報告しました。すると小松さんの娘は、堀田さんの前で、「若い職員さんに、なんてひどいことするのよ！　お父さんじゃないのよ！」と言いながら小松さんの頭をたたき、「本当に申し訳ありませんでした」と頭を深く下げて、詫びました。

　介護主任の堀田さんは、小松さんの娘にたたくのをやめてほしいと伝え、「施設側も工夫しますので気にしないでください」と話しました。そして堀田さんは介護職の岡本さんにこの状況を伝え、多少のことは我慢してほしいと伝えました。それを聞いた岡本さんは、「じゃあ、これまでと何も変わらないのですね」と、諦めの表情でつぶやきました。

１．個人作業

1．あなたが小松さんの娘であれば、どのような背景や思いがあると考えますか？

2．あなたが男性介護職の岡本さんであれば、どのような思いや考えがあると思いますか？

3．あなたが介護主任の堀田さんであれば、どのような思いや考えがあると思いますか？

２．グループ作業

「話し合いの４つのルール」を守りながら話し合いましょう。

● 話し合いの４つのルール

> １．最後まで耳を傾け、ひとまず受け入れる
> ２．人と異なる意見は、「私は」で話し始める
> ３．話してくれたことに感謝し、敬意を払う
> ４．わからないことは質問する

１．個人作業で考えた登場人物の背景や思いについての内容をグループで発表し合いましょう。

２．グループでは、この事例の課題の解決に向けた話し合いをする場合、「話し合いのためのチェックリスト」のどの項目を「話し合いの視点」に選びますか？（複数選択は可能）

３．２で選んだ「話し合いの視点」から、この事例の課題解決のための「話し合いの目的」を考えましょう。

４．この事例のなかで「職業人としてやってはいけないこと」があるとすれば、どのようなことが考えられるかを話し合いましょう。

　この研修では、職場の課題について「心理的安全性」を保ちながら、話し合う体験をすることを一番のねらいとしています。話し合いで得られた解決策を評価することがねらいではありませんが、実際の職場で話し合う時の参考までに【３．事例のポイント】と【４．事例のまとめ】で効果的な話し合いの視点について解説します。

３．事例のポイント

　この事例を通してあなたは、「利用者からたたかれた介護職の岡本さんはかわいそうだけれど、認知症の利用者だから我慢するしかない」と思ったでしょうか。あるいは「介護職であっても一人の人間なので、岡本さんに我慢を強いるだけでなく、利用者にも何かお願いをするべきだ」と思ったでしょうか。一方、介護主任の堀田さんについて「岡本さんのつらさを理解することができない上司だ」と思ったでしょうか。

　事例４の情報に限ると確かにそう思うかもしれません。一方、この事例では、

娘が母親である利用者の小松さんを、皆の前でたたきながら叱っていました。自分の母親にたたかれた介護職の岡本さんに対して、申し訳ないという気持ちから、つい手が出たのかもしれません。あるいは、介護職員をたたいてしまうことを理由に母親がサービスの利用を継続できなくなってしまうのではないかと不安に思い、必死になっているのかもしれません。そういった娘の気持ちを察して、介護主任の堀田さんは岡本さんに我慢してほしいと伝えたのかもしれません。しかし、岡本さんとしては納得がいかないのも確かです。

　それぞれの登場人物の背景について考えてみると、それぞれの事情や考えがあり、その気持ちや意図は理解できます。個々の登場人物の心情といった視点はもちろん大切ではありますが、ここでは、職場や組織の課題として捉え、考えてみましょう。

４．事例のまとめ

１．効果的な話し合いのコツ：事例の問題を別の角度から考える

　認知症の利用者の場合、その行動・心理症状（BPSD）として、暴力やセクハラ（性的いやがらせ）を起こしてしまうことがあります。そして、介護職の岡本さんのように被害を受けたスタッフに対し、「認知症の利用者なので理解してほしい」「ご家族も受け入れ先がなくて困っているので仕方ない」と周りのスタッフや上司が伝えることがあるかもしれません。

　しかし、報告を受ける以外に何も対策をしないままでいると、被害を受けたスタッフはつらい状況に追いやられてしまうでしょう。通り一遍の報告を受けるだけの上司の対応に、被害を受けたスタッフは、諦めの気持ちになるかもしれません。我慢を強いるだけで何も対応してくれないと不信感を持ち、上司との関係が悪化するかもしれません。

　実際に、暴力やセクハラなどを受けるのは性別や年齢、職位など特定のスタッフに限ったことではありません。そのため、暴力をふるう利用者を認知症等の疾患の症状から評価をするだけでなく、どのように暴力等を未然に防ぐかといった危機管理や、被害を受けたスタッフの心理的なケアといった組織の体制という視点で話し合うことが必要です。そして、個人の課題という視点はもちろん大切ですが、職場や組織の課題として捉えることも必要です。

2. 適切な職業人としての対応

　職業人としては、認知症のある小松さんからたたかれたからといって、同じようにたたき返したり、暴言を吐くことは絶対にやってはいけません。介護事業所のスタッフによる利用者への心理的・身体的暴力は、当然のことながら許されることではありません。しかし、被害にあって、つらい気持ちややりきれない気持ちを抱えたままケアを行うことは、スタッフ自身の精神的健康に悪い影響を与えてしまいます。また、それが仕事での失敗やインシデントを起こす危険性を高めてしまうかもしれません。

　そのため、ケアをそのまま継続することが難しい場合は、本人が同僚や上司にそのことを正直に伝え、助けを求めたり、周囲のメンバーや上司が助けの手を差し伸べることが望まれます。一時的にその場を離れたり、担当を変えたり、ペアで対応したりするなど、状況に応じて被害を受けたスタッフを守る方法を考え、実行することが必要です。

　一方、そのような助けを求めることができないような職場であれば、どのような点を改善すべきか、話し合いで考える必要があるでしょう。これらを踏まえ、職場内研修でのグループ作業では、メンバー間で話し合い、「話し合いのためのチェックリスト」から「話し合いの視点」を選択するとよいでしょう。

コラム4　パーソン・センタード・ケア

　介助しようとしたら、利用者に拒まれたり、たたかれたりしてしまったという経験はあるでしょうか。着替えや入浴への誘導に抵抗したり、あるいはデイサービスで過ごしていたら急に「帰ります」と言って、職員を押しのけて外に出ようとしたり……。こんな場面に出くわしたら、介護職は困ってしまうと思います。

　認知症の利用者の場合、こうした反応や行動（行動・心理症状：BPSD）が表れることがありますが、行動・心理症状はなぜ、表れるのでしょうか。認知症という病気の症状なのでしょうか。

　行動・心理症状は、認知症そのものの症状ではありません。利用者の言葉にならないニーズが、別の反応や行動で表れたものとされています。着替えや入浴への誘

導に抵抗する場面では、ひょっとすると利用者に身体の痛みがあるのかもしれません。しかし認知症のために、痛みがあることを言葉で伝えることが難しく、抵抗したりたたいたりといった行動になっていると考えられます。

　実際に、東京都の「日本版 BPSD ケアプログラム」を介護従事者が活用した事例では、利用者の約 30％で、身体の痛みが行動・心理症状の原因と推測されています。代表的な医学雑誌の一つである『ランセット』が 2020 年に発表した認知症に関する報告書でも、行動・心理症状が表れた時には、身体の痛みがないかを探ってみることを勧めています。

　このように行動・心理症状を「問題行動」としてではなく、「本人のなかで何が起こっているのか」という視点で考えることが、適切な対応の第一歩となります。この考え方は、1990 年代から、「パーソン・センタード・ケア（本人中心のケア）」という概念で介護に導入されてきました。研修などでこの言葉を聞いたことがある人も多いのではないでしょうか。

　「本人中心のケア」というと、当たり前のことのようにも思えますが、なぜ、わざわざ言葉にする必要があるのでしょうか。この疑問に答えるには、逆に「本人中心でないケア」を考えてみるとわかりやすいでしょう。本人中心でないケアとは、「業務中心のケア」であり、介護をする側の都合に合わせたケアです。例えば、すべての利用者が起床も食事もトイレも入浴も決まった時間に行ってくれたら、介護する側にとっては都合がよいですが、それを利用者に求めるのは、果たしてケアとしてよいことでしょうか。認知症ケアで「パーソン・センタード・ケア」が大事と言われているのは、気づかないうちに、介護する側の都合を利用者に押し付けていないかどうかを見直すためでもあります。

（中西三春）

専門性や業務内容の理解不足から生じる人間関係の軋れき

登場人物 介護主任の外川さん、介護職の村田さん、
看護師の山田さん、部長の内野さん

　外川さんが介護主任として働く介護老人保健施設は介護職が慢性的に不足しています。そのため、介護職が忙しい時は、看護師も利用者の身の回りの世話をすることがあります。一方で、看護師のなかでも介護職の仕事に協力的な人とそうでない人がいることを介護主任の外川さんも気づいていました。

　ある日、介護職の村田さんが介護主任の外川さんに「介護職が食事や移乗の介助で手が足りない時に、手が空いているにもかかわらず看護師の山田さんは協力してくれないのです。いつも気づいていないふりをします」と報告してきました。そこで、外川さんは看護師の山田さんに「介護職が忙しい時に、もし手が空いているなら看護師も介護職に協力して手伝ってほしい」とお願いしました。

　しかし、看護師の山田さんは「看護師は介護の仕事を手伝えますが、逆はできないのに不公平です。介護のことは介護職でしっかりやってもらいたいです。いつも手伝っていたら、看護師が介護の仕事をするのが当たり前になって、看護師の負担がさらに増えると思います」と話し、受け入れようとしませんでした。

　介護主任の外川さんは、上司である部長の内野さんにどう対応したらよいか相談しました。しかし、内野さんは「とにかく仲良く仕事をしてください」と話すばかりで具体的なアドバイスもしてくれませんでした。どうしてよいかわからず、外川さんは板挟みの状態になってしまいました。

1．個人作業

1．あなたが介護職の村田さんであれば、どのような背景や思いがあると考えますか？

2．あなたが看護師の山田さんであれば、どのような思いや考えがあると思いますか？

３．あなたが介護主任の外川さんであれば、どのように考え、どのように対応しますか？

２．グループ作業

「話し合いの４つのルール」を守りながら話し合いましょう。

●話し合いの４つのルール

> １．最後まで耳を傾け、ひとまず受け入れる
> ２．人と異なる意見は、「私は」で話し始める
> ３．話してくれたことに感謝し、敬意を払う
> ４．わからないことは質問する

１．個人作業で考えた登場人物の背景や思いについての内容をグループで発表し合いましょう。

２．グループでは、この事例の課題の解決に向けた話し合いをする場合、「話し合いのためのチェックリスト」のどの項目を「話し合いの視点」に選びますか？（複数選択は可能）

３．２で選んだ「話し合いの視点」から、この事例の課題解決のための「話し合いの目的」を考えましょう。

４．この事例のなかで「職業人としてやってはいけないこと」があるとすれば、どのようなことが考えられるかを話し合いましょう。

　この研修では、職場の課題について「心理的安全性」を保ちながら、話し合う体験をすることを一番のねらいとしています。話し合いで得られた解決策を評価することがねらいではありませんが、実際の職場で話し合う時の参考までに【３．事例のポイント】と【４．事例のまとめ】で効果的な話し合いの視点について解説します。

３．事例のポイント

　この事例を通してあなたは、介護職の村田さんが言うように、「看護師であろうと、手が空いているのなら同じ職場の介護職の仕事を手伝ってあげてもいいのでは？」と思ったでしょうか。あるいは看護師の山田さんと同じように「看護師は注射など身体への侵襲のある業務を行うため、介護職は看護師の仕事を手伝えないの

に、介護職の立場だけ考えて手伝ってほしいというのは公平ではない」と思ったでしょうか。また、介護主任の外川さんについて「自分たちの立場ばかり考えて言いたい放題のスタッフを管理できない頼りないリーダーだ」と思ったでしょうか。また、部長の内野さんを「とにかく仲良く仕事をしてくださいなんて、できないから介護主任は困っているのに、適当な部長だ」と思ったでしょうか。

　事例5の情報に限られると確かにそう思うかもしれません。特に自分の職種・職位以外の立場の人の仕事や仕事ぶりについては、厳しい目で見てしまうこともあるでしょう。しかし、それぞれの登場人物の言い分に耳を傾けてみると、隠れていた個々の事情だけでなく、職場や組織の課題が見えてくることもあります。登場人物の個人の課題という視点ではなく、職場や組織の課題として捉え、考えてみましょう。

４．事例のまとめ

１．効果的な話し合いのコツ：事例の問題を別の角度から考える

　そもそも利用者の食事や移乗の介助といった生活支援の業務は、利用者に安心して安全な生活を送ってもらうことを目指しています。その点を介護職の村田さんも、看護師の山田さんも、介護主任の外川さんも改めて認識する必要があるでしょう。つまり、話し合いでは誰の言い分が正しいかを争うことを目指すべきではありません。

　一方、話し合いでは、とにかく議論に「勝とう」とする人がいるかもしれません。そのような人は、職業人というよりも個人としての自分の気持ち、例えば、相手よりも勝っていたいという気持ちや、一目置かれたいという気持ちなどが、前面に出てしまっているかもしれません。有意義な結論を導く話し合いにするためには、職場のメンバーが目指す仕事や職場の目標とともに、組織の理念や方針を共有していること、お互いが敬意を払って発言していること、職業人としてやってはいけないことをわかっていること、の３つの点が満たされている必要があります。

　さらに、今回のように職場での多職種の協働がうまくいかず、メンバーが不安や不平を溜めている背景には、管理職に現状の職場の問題が見えづらかったり、メンバーの声の伝わり方に偏りがあったりするかもしれません。そのため、管理職に、職場の実態を正確に把握してもらう必要があるでしょう。

2．適切な職業人としての対応

　「職業人としてやってはいけない」こととして、職種間の個人的な感情からの対立で、利用者の生活支援やケアに悪い影響を与えてしまったり、利用者の家族に不安や心配をさせてしまうといったことが挙げられるでしょう。今回の事例の登場人物のうち、どちらかが感情的になる場合は、介護主任や部長などの管理職は冷静にその言葉に耳を傾けましょう。敬意を払いながら耳を傾け、共感できるところは共感しながら、組織の理念や職場の目標にかかわることを大事にするために、視点を引き戻すようにします。

　利用者に安心して安全な生活を送ってもらうことを目指すなかで、食事や移乗の介助といった現状で行われている生活支援のやり方が、いつも正しく、よい面ばかりだとは限りません。例えば、今回のように看護師の手が空いており、同じ職場の介護職の手が足りない時に仕事を手伝うことは、利用者の生活支援を円滑に進めるという利点があります。一方で、看護師の山田さんが言うように、看護師は身体への侵襲のある業務もしなければならず、介護職の仕事を手伝うことで忙しさが増すかもしれませんし、集中力の低下や疲労の蓄積といったことが欠点として挙がるかもしれません。

　現状の仕事のやり方には、よい点ばかりではなく、見直す点もあるはずです。その際には、現場の課題とすり合わせて、いろいろと折り合いをつける必要があります。意義ある結論を見出すためには、どのような方法であれば、よい点を最大にし、欠点を最小にできるかについて、メンバー間で話し合いを通して見出す必要があるでしょう。

　これらを踏まえ、職場内研修でのグループ作業ではメンバー間で話し合い、「話し合いのためのチェックリスト」から「話し合いの視点」を選択するとよいでしょう。

コラム5　介護施設における多職種協働

　介護施設では、さまざまな病気や課題を抱えている高齢者が生活しています。そこで、介護施設の高齢者ケアには介護職と看護職が協力し合うこと、つまり両者の協働がとても大切です。皆さんの施設では、介護職と看護職が協力して働いているでしょうか。

　意外にも、介護職と看護職の関係がうまくいっていない施設が多いと聞きます。または、業務の役割分担はうまくできていても、どのような考えでケアを行っているのかを、互いに知らないということが多いようです。介護職と看護職の価値観に違いがあるために、誤解や葛藤につながっているようです。両者の価値観の背景には、病気の治療を優先する医療の視点と、日々の暮らしの継続を優先する介護の視点があり、次のような2つの特徴があります。

　一つには、病気の治療では、「医療職が主体となって行う治療に患者が協力する」という医療者が主導権を握る場面があることです。例えば、患者の同意のもと「点滴をする」という治療が行われますが、点滴を実施する医療職に対して、患者は腕を差し出し、じっとして医療者に協力するという関係になっています。一方、暮らしの場面では、利用者主体が基本です。介護施設では、入浴や食事などは、利用者本人の満足を第一優先として判断されることがよくあります。例えば、飲み込む力が衰えているためにとろみをつけた食事を摂っている利用者であっても、本人の「食べたい」という思いを大事にして、大好きなカツ丼や寿司が食べられるように工夫することもあります。

　もう一つは、治療を優先する必要が特に高い場面では、ケアにスピードが求められ、同時に、根拠に基づいた統一したケアが求められることです。つまり、科学的な根拠を大切にするケアの考え方です。一方、暮らしの継続を優先する場面では、認知症ケアのように一人ひとり違う多様な生活像を大事にしなければ成り立たないため、統一したケアが通用しません。だからこそ、結論を急がずに試行錯誤を繰り返し、そのなかから利用者本人に合った方法を見出していくことが必要になります。こちらは、その人が長年築いてきた変わらない本質、その人らしさを捉える視点を大切にするケアの考え方です。

　このように比較してみると、治療を優先する医療の視点と、暮らしの継続を優先する介護の視点には、大きな違いがあることに気づきます。ただしこの違いは、どちらかが正しく、それに従うべきということではなく、多角的に捉えることが重要ではないでしょうか。筆者が介護施設の職員向けに行った事例ワークでは、介護職は「Cさんがどのように自分の人生を捉えている人か」という視点で利用者をみていました。一方で看護職は「Cさんにできることはあるものの、援助が必要な人」とみていました。両方の視点でCさんをみることが必要であり、そのためには互いの価値観を理解し合うしくみをつくることが大切です。この時、介護職の考えを改めて知った看護職は、「介護職は、医療とは違い柔軟な発想で本人をみている。介護職の考え方が新鮮だったため、看護職自身の価値観を問い直す機会になった」と述べていました。

　多様な価値観に出会う時は、戸惑いや葛藤が伴います。しかし、葛藤があるからこそ、利用者にとっていちばん大切なことは何かを多職種で考えるチャンスになり得るのです。

（田中真佐恵）

第5章　やってみよう！「心理的安全性」を保ち、「効果的な話し合い」を学ぶ職場内研修

利用者への対応についての意見の違いから
生じる人間関係の軋れき ⤓DL

登場人物　介護職の嶋さん、看護師の小川さん、利用者の三浦さん、
看護部長

　　介護職の嶋さんは、介護老人保健施設に勤めて半年になります。この施設の介護職は資格も年代もさまざまです。介護職の人手が足りず、いつも仕事は忙しく、時間に追われる日々を過ごしていました。

　　看護師は自分たちの仕事には熱心なようですが、それ以外は関心がないように嶋さんの目には映ります。介護職が忙しくしている時も会議室にこもっているため、ある日、嶋さんは看護師の小川さんに何をしているのか尋ねました。すると小川さんは「カンファレンスよ」と答えました。しかし、嶋さんはお茶でも飲んでいるのではないかと疑っていました。

　　ある日、利用者の三浦さんの家族から三浦さんの好物であるマンゴーの差し入れがありました。そこで嶋さんは、おやつの時間に介助をして食べさせていました。それを見た看護師の小川さんが、「三浦さんは窒息や誤嚥のリスクがあるので、とろみのないものの摂取は禁じられていますよ」と強い口調で言いました。

　　しかし、嶋さんは「ご家族が三浦さんに好物を食べさせてあげたいとマンゴーを買って、食べやすく切って、わざわざ持ってきてくれたんですよ。好きなものを介助して食べさせることが、そんなに問題ですか？」と、不満そうな様子で話しました。

　　看護師の小川さんがこのことを看護部長に報告したところ「その程度ならいいですよ」と気にする様子もありませんでした。これをきっかけに、小川さんと嶋さんは互いに無視し合うようになりました。

1. 個人作業

1. あなたが介護職の嶋さんであれば、どのような背景や思いがあると考えますか？

２．あなたが三浦さんの家族であれば、どのように思い、どのようにしてほしいと思いますか？

３．あなたが看護師の小川さんであれば、どのような背景や思いがあると考えますか？

２．グループ作業

「話し合いの４つのルール」を守りながら話し合いましょう。

● 話し合いの４つのルール

> １．最後まで耳を傾け、ひとまず受け入れる
> ２．人と異なる意見は、「私は」で話し始める
> ３．話してくれたことに感謝し、敬意を払う
> ４．わからないことは質問する

１．個人作業で考えた登場人物の背景や思いについての内容をグループで発表し合いましょう。

２．グループでは、この事例の課題の解決に向けた話し合いをする場合、「話し合いのためのチェックリスト」のどの項目を「話し合いの視点」に選びますか？（複数選択は可能）

３．２で選んだ「話し合いの視点」から、この事例の課題解決のための「話し合いの目的」を考えましょう。

４．この事例のなかで「職業人としてやってはいけないこと」があるとすれば、どのようなことが考えられるかを話し合いましょう。

　この研修では、職場の課題について「心理的安全性」を保ちながら、話し合う体験をすることを一番のねらいとしています。話し合いで得られた解決策を評価することがねらいではありませんが、実際の職場で話し合う時の参考までに【３．事例のポイント】と【４．事例のまとめ】で効果的な話し合いの視点について解説します。

３．事例のポイント

　この事例を通してあなたは、介護職の嶋さんについて「仕事熱心だが、個人的な感情を仕事に持ち込みすぎだ」と思ったでしょうか。あるいは、看護師の小川さん

は「高齢の利用者と家族の気持ちを理解しようとしない、お堅い看護師だ」と思ったでしょうか。また、看護部長については、「利用者の家族からの差し入れについて、その程度ならよいなんて、適当な看護部長だ」と思ったでしょうか。

　事例6の情報に限られると、確かにそう思うかもしれません。一方で、介護事業所によっては、例えば利用者の家族からの差し入れについて、寛容な方針をとっているところもあれば、厳格な方針を守っているところもあります。しかし、今回の事例の情報だけでは、どちらなのか定かではありません。看護部長の了解が得られれば、多少の例外を認めるという前者の方針が推測されます。もしかしたら、介護職の嶋さんは事前に看護部長に確認したうえで、家族からの差し入れを楽しんでもらうための介助をしたのかもしれません。しかし、看護師の小川さんにはあえて伝えなかった可能性もあります。そしてその背景に個人的な感情が影響しているのかもしれません。

　それぞれの登場人物の言い分に耳を傾けてみると、隠れていた職場や組織の課題が見えてくることもあります。登場人物の個人の課題という視点ではなく、職場や組織の課題として捉え、考えてみましょう。

４．事例のまとめ

１．効果的な話し合いのコツ：事例の問題を別の角度から考える

　ともすれば、この事例は介護職の嶋さんと看護師の小川さんの対立といったことに終始してしまう可能性があります。職場ではいつも、誰もが仲良くやっていけるとは限りません。しかし、メンバーが個人的な感情の対立によって大切な情報の共有ができなくなると、利用者への生活支援における失敗や事故を引き起こしかねません。

　嶋さんが、家族からの差し入れを利用者に介助して食べさせた背景には、どのような経緯があったのか、どのような理由があったのかを、看護師の小川さんは確認していません。嶋さんも独自の判断で行ったのか、看護部長の許可を得たのか、はっきりと説明していません。一方、介護職の嶋さんが、利用者と家族の心情に配慮し、よりよい生活を送ってもらうことを目指していたということは理解できます。また、看護師の小川さんは看護部長の言葉に混乱し、不満をもったことも確かです。

　少なくとも利用者の家族からの差し入れの方針について、職場のメンバーで共通

認識をもつことが望まれます。利用者にとって最も望ましい形はどのようなものか、家族からの差し入れへの対応について話し合う必要があるでしょう。

2．適切な職業人としての対応

　「職業人としてやってはいけないこと」として、個人的な感情の対立で、利用者の生活支援やケアに支障をきたすことや、利用者の家族に不安や心配を与えてしまうことが挙げられます。一方、主治医が許可した食事以外のものを提供してはいけないということが事業所の方針であり、しかも家族の差し入れといった例外も認められていない厳格な状況であれば、介護職の嶋さんのふるまいは、組織の一員としては注意されても仕方がないでしょう。

　しかし、嶋さんの行動は、利用者に生活での満足を少しでも感じてもらいたいという、家族の気持ちを汲んだものであり、利用者の安全・安心・安楽な生活や生活の満足を目指したものです。このことは、組織の方針や職場の目標につながるものと言えます。そのため、嶋さんのふるまいは、利用者の生活の満足度を高めるための、現行の方針を見直すための視点を与えてくれるものとなるでしょう。このことからも、嶋さんに対して、一方的に非難したり、注意したりすることは控えるべきでしょう。

　介護職の嶋さんに確認や指摘をする場合は、伝え方に注意する必要があります。例えば、「私が情報を把握していないのかもしれないけれど」といった前置きや、「利用者や家族の気持ちを汲んで支援しているのですね」といった評価の言葉の後に、指摘を伝えることが望ましいでしょう。指摘の際は「○○しましょう」「○○しませんか」など、仲間として協力を要請する伝え方をすると、言われたほうはあまり抵抗感を感じないでしょう。改善してほしい点をほめ言葉で挟んで伝える方法（コンプリメント・サンドイッチ）を使ってもよいでしょう。なお、人格を否定するような指摘は絶対に避けるべきです。

　これらを踏まえ、職場内研修でのグループ作業ではメンバー間で話し合い、「話し合いのためのチェックリスト」から「話し合いの視点」を選択するとよいでしょう。

　新型コロナウイルス感染症（COVID-19、以下コロナ）は私たちの生活をすっかり変えました。そこには認知症の人とその家族も含まれますし、介護の現場もまた、さまざまな変化を余儀なくされてきたと思います。コロナ禍が介護にもたらした影響について、今までにどのようなことがわかっているのでしょうか。

　医学雑誌『ランセット』が2020年に発表した報告＊で、コロナ禍が認知症の人の生活に及ぼした影響がまとめられています。それによれば、とりわけ感染拡大の初期（第1波）では、認知症の人はコロナにかかるリスクが高く、また重症化する人が多かったことがわかっています。まず問題になるのは、認知症の人は新しいルールを理解したり、覚えておくことが困難なため、コロナ対策としての感染予防を徹底するのも難しいことが挙げられます。マスクをつけるようにお願いしても外してしまったり、手指の消毒を忘れてしまったり、ということが起こります。

　次に、認知症の人がコロナにかかると重症化しやすい理由として、もともと認知症のため身体的な健康の管理に難しさがあり、コロナの重症化リスクとなる身体疾患をしばしばもっていることが挙げられます。

　さらに介護事業所では、職員が曜日によって異なる勤務先に行くなどの勤務形態が、結果として感染の拡大につながっていたという指摘もあります。これはコロナの「無症状感染が多い」という特徴と関連しています。職員が、ある日はAという場所で利用者とかかわり感染したが、本人は無症状のため気づかず、別の日にBという場所で別の利用者に接触する。こうしてAからBへ、知らないうちに感染を媒介していた可能性があるのです。そこで、諸外国では介護産業に対する働き方改革の必要性が、改めていわれるようになっています。雇用された人ができるだけ1つの場所で継続して働けるように、事業所が配慮すべきであるということです。

　また在宅の利用者では、コロナ禍を受けて通っていたデイサービスが休止になるなど、介護サービスの利用がしづらくなるという影響を受けました。認知症の人にとって、人と会う機会が減ることは、認知機能に対する適度な刺激が少なくなることを意味します。そのため、介護サービスの利用が制限される状況が長引けば、身体機能や認知機能がさらに低下することにもつながります。

　上述した『ランセット』の報告では、コロナ禍における認知症ケアに必要なことと

して、遠隔でもケアを提供できるようテクノロジーの活用をもっと進めることを挙げています。しかし介護の現場の多くは、テクノロジーの導入にさまざまなハードルがあることと思います。例えばコロナ禍は、介護施設にいる利用者に、家族との面会が制限されるという事態ももたらしました。ビデオ通話やウェブ会議を活用して、利用者が家族と対面できる機会を設けようと取り組み始めた施設もあります。でも利用者に認知症がある場合、端末の画面に映る家族がそうと理解できない、といったこともあります。ですから、現場の努力だけに任されるのではなく、政策や制度が介護のテクノロジー導入と活用を後押しすることが必要と考えられます。

（中西三春）

＊ Livingston, G., Huntley, J., et al., *Dementia prevention, intervention, and care*, 2020 report of the Lancet Commission, The Lancet, 2020.

事例
7

事故発生時の役割の押し付け合いから生じる人間関係の軋れき

⬇DL

登場人物　**介護職の水田さん、看護師の山川さん、利用者の中田さん**

　介護職の水田さんが勤める施設は、介護職の人手不足でいつも職場は忙しい状況です。日曜日や祭日は特に人手不足で看護部長も不在のため、何か問題が起こるとスタッフは対応に困ってしまいます。

　ある日曜日の午後に、利用者の中田さんが廊下でふらついて、おでこを手すりに打ちつけてしまいました。中田さんは認知症で足腰が弱く、廊下をうろうろしたり、他の利用者の部屋に入ってしまうことがこれまでにもありました。しかし、本人らしい生活を送ってもらうために、特に制約はしていませんでした。

　中田さんの「あぁ、痛い！」という声を聞きつけ、介護職の水田さんと看護師の山川さんが、廊下に出てみると、おでこを押さえる中田さんがいました。慌てて、水田さんと山川さんは中田さんのおでこを確認しました。少し腫れているように見えましたが意識もあったことから、部屋に戻ってもらいました。

　看護師の山川さんは、看護部長に電話をかけて状況を説明しました。看護部長からは、中田さんの息子に電話で事情を説明することと、念のため明日、医師の診察の予定を入れるように指示がありました。電話の最中に山川さんは、中田さんの息子が会社の経営者で厳しい人であることを思い出しました。

　看護師の山川さんは、「処置から看護部長への報告まで私がしたので、中田さんの息子さんには水田さんが電話をして説明してください」と介護職の水田さんに話しました。しかし、水田さんは「医療的な処置をした看護師が説明するべきです。介護職は医療的なことを質問されても、対応できません」と反論しました。役割の押し付け合いになり、その場は険悪な雰囲気になってしまいました。

１．個人作業

１．あなたが介護職の水田さんであれば、どのような背景や思いがあると考えますか？

２．あなたが看護師の山川さんであれば、どのような背景や思いがあると考えますか？

３．あなたが中田さんの家族であれば、どのように思い、どのようにしてほしいと思いますか？

２．グループ作業

「話し合いの４つのルール」を守りながら話し合いましょう。

●話し合いの４つのルール

> １．最後まで耳を傾け、ひとまず受け入れる
> ２．人と異なる意見は、「私は」で話し始める
> ３．話してくれたことに感謝し、敬意を払う
> ４．わからないことは質問する

１．個人作業で考えた登場人物の背景や思いについての内容をグループで発表し合いましょう。

２．グループでは、この事例の課題の解決に向けた話し合いをする場合、「話し合いのためのチェックリスト」のどの項目を「話し合いの視点」に選びますか？（複数選択は可能）

３．２で選んだ「話し合いの視点」から、この事例の課題解決のための「話し合いの目的」を考えましょう。

４．この事例のなかで「職業人としてやってはいけないこと」があるとすれば、どのようなことが考えられるかを話し合いましょう。

　この研修では、職場の課題について「心理的安全性」を保ちながら、話し合う体験をすることを一番のねらいとしています。話し合いで得られた解決策を評価することがねらいではありませんが、実際の職場で話し合う時の参考までに【３．事例のポイント】と【４．事例のまとめ】で効果的な話し合いの視点について解説します。

3．事例のポイント

　この事例を通してあなたは、「医療的なことをご家族から質問された場合は、介護職は対応できないので水田さんの言い分はもっともだ」と思ったでしょうか。あるいは、「転倒した中田さんの息子さんが厳しい人だから、めんどうなことに巻き込まれたくなくて看護師に何もかも任せるとは、介護職の水田さんはずるい」と思ったでしょうか。また、「看護師の山川さんは、介護職の水田さんに押し付けて協力的でない」と思ったでしょうか。あるいは、部長に対して、「出勤日でなくてもこのような事態の時は、電話で済まさずに出勤して対応すべきだ」と思ったでしょうか。

　事例7の情報に限られると確かにそう思うかもしれません。特に自分の職種・職位以外の立場の人の仕事ぶりについては、厳しい目で見てしまうこともあるでしょう。しかし、それぞれの登場人物の言い分に耳を傾けてみると、隠れていた個々の事情だけでなく、職場や組織の課題が見えてくることもあります。登場人物の個人の課題という視点ではなく、職場や組織の課題として捉え、考えてみましょう。

4．事例のまとめ

1．効果的な話し合いのコツ：事例の問題を別の角度から考える

　特に利用者の安全・安心・安楽を目指した生活支援を行う介護現場で、利用者が転倒した場合は、なおさら適切かつ迅速に対応しなければなりません。事業所の方針に沿って決められた手順に従って対応しますが、家族への報告の際に大切なことは、家族の不安や心配に配慮し、誠実に対応することです。職場ではいつも誰もが仲良くやっていけるとは限りませんが、少なくとも、職種にかかわらず職場のメンバーがこのことを踏まえ、協力して対応をする必要があります。

　利用者や家族にとって看護師や介護職は、職種は違っても、「同じ事業所で働く職員」です。どの職種もチームの一員として利用者の生活を支援しています。そして、その事業所は利用者の生活の場なのです。自分の生活の場での言い争いは、利用者のストレスになります。利用者や家族に不安や心配を与えることでしょう。

　この事例では、介護職の水田さんも看護師の山川さんも、職種にかかわらず家族に説明するという自分たちの役割はさておき、個人的な不安や心配から仕事を押し付け合っています。協力して、チームとして仕事をするどころか、利用者やその家

族の気持ちを置き去りにして、利用者の生活の場で諍いを起こしかねない状況になっています。

「異なる意見があっても言わずにいる職場」ではなく、「異なる意見を言い合って、もしも険悪になっても、仲直りできる職場」にする必要があります。そのため、この事例では、家族への説明について不安に思っていることを率直に伝え、互いに理解し、共感しなければなりません。そのうえで、相手に敬意を払いながら、その不安や心配についての対策を話し合う必要があるでしょう。そうすれば、おのずと介護職や看護師が業務を行ううえでの、現実的な折り合いをどうつけるか、という方向に話し合いが進むでしょう。

2．適切な職業人としての対応

「職業人としてやってはいけないこと」として、職種間で家族への説明の役割を押し付け合い、言い争いをすること、そして利用者の転倒について家族へ適切に説明がされなかったり、転倒の再発予防についての振り返りがされないことが挙げられるでしょう。

介護職の水田さんも看護師の山川さんも、利用者の息子に説明する役割から逃れることを目指し、互いがとにかく議論に「勝とう」としていました。つまり、利用者や家族のことをいちばんに考えた対応ではなく、個人的な不安や心配をいちばんに考え、話し合っているようです。これでは、有意義な対策を導くことは難しいでしょう。役割をしぶしぶ引き受けたほうは、家族への説明で、その姿勢が表れてしまうかもしれません。

これらを踏まえ、職場内研修でのグループ作業ではメンバー間で話し合い、「話し合いのためのチェックリスト」から「話し合いの視点」を選択するとよいでしょう。

コラム7　リスクマネジメント

　介護施設は、日常生活に何らかの支援が必要な高齢者が生活する場であるため、常にリスクが潜んでいる状況にあるといえます。そのため介護職は、常に危険を予測し、いかに高齢者の安全を守りながら生活を支えるかを考えていると思います。

　しかし、事故を「ゼロ」にすることは難しいといわれています。その理由の一つに、介護施設は高齢者にとって、危険の多い環境になっていることが挙げられます。「転倒」を例に考えてみましょう。介護施設は、障害物も少なく、健康な人にとっては一見、安全な環境に見えます。しかし、高齢者にとっては危険がたくさんある環境になります。そもそも日本人は靴を履いて終日生活することはありません。靴を履くことで素足の時とは歩き方も変わり、足の感覚も鈍くなります。また、高齢者は、足を持ち上げる力が落ちているため、滑りにくいことが利点である床につまずくことがありますし、車いすに座っている人が多い場所は、スペースが狭くて歩きにくかったり、バランスを崩しやすくなります。高齢者は、環境の変化に慣れるまでに時間がかかるため、部屋や食堂で座る場所が変わるだけでもいつもの歩き方が難しくなり、自分にとってどこが危ない場所かがわからなくなるなどさまざまなリスクにつながります。

　そのため、介護施設でのリスクマネジメントでは、何か特定のこと、例えば転倒を予防するということだけを目標にするのではなく、生活支援全般を見直し、高齢者の「したいこと」「しようとすること」を先に満たしていくかかわりが重要といわれています。その理由として、危険な行動は、自分のしたいことをしようとする時によく起こるからです。自分がしたいことをするという目的の達成に集中するあまり、周りの状況を考えることがおろそかになってしまいがちです。そのため、無理な動きになってしまったり、焦りを伴う行動になってしまいます。

　本人のしたいことや普段の習慣、癖などを知り、それに合わせて事前に安全に動く余裕と環境をつくることが大切です。そして、その人のニードを知るためには、スタッフの普段の観察や気づきがカギになります。多くのスタッフの目で高齢者のしたいこと、しようとすること、その時に出すサインは何かを常に話題にできる職場の環境づくりから始めていくとよいでしょう。

（杉山智子）

事例8　言葉と文化の違いから生じる外国人スタッフと日本人スタッフの誤解　⬇DL

登場人物　外国人介護職のサムさん、先輩介護職の田畑さん

　介護職員のサムさんは、2か月前にベトナムから日本にきて、介護施設で働き始めました。仕事には少しずつ慣れてきましたが、日本語の理解が十分ではなくコミュニケーションに日々、苦労していました。

　ある日、サムさんは利用者の山村さんの着替えを別の人の着替えと取り違えて持ってきてしまいました。先輩介護職の田畑さんは関西弁で「これ、ちがうでー。サムちゃん、こんなにちっちゃいのん、山村さんは着られへん。山村さんのん、とってきてんか」と言いました。しかし、サムさんは身動きせず、茫然としてそばで立ったままじっとしていました。田畑さんは同じことを繰り返した後、しびれを切らして、「もうええわ！　山村さんのこと見とって！　私がとって来たるわ！」と言い放ち、その場を離れました。

　1週間後のある日、仕事の時間になってもサムさんは出勤してきませんでした。結局、連絡もなく、無断欠勤をしました。翌日サムさんは、何事もなかったかのように出勤してきました。田畑さんは関西弁で「なんで昨日、仕事に来んかったん？　みんな心配したし、あんたがおらんかったために忙しかってんで。すみませんって謝らなぁ。すみませんって言ってください」と他のメンバーの前で促しました。サムさんは、戸惑った表情で顔を赤くしながら「すみません」と言いました。

1．個人作業

1．あなたがサムさんであれば、どのような背景や思いがあると考えますか？

2．あなたが田畑さんであれば、どのように思い、どのように対応しますか？

3．あなたがサムさんと田畑さんの上司であれば、どのように思い、どのように対応しますか？

2．グループ作業

「話し合いの4つのルール」を守りながら話し合いましょう。

●話し合いの4つのルール

> 1．最後まで耳を傾け、ひとまず受け入れる
> 2．人と異なる意見は、「私は」で話し始める
> 3．話してくれたことに感謝し、敬意を払う
> 4．わからないことは質問する

1．個人作業で考えた登場人物の背景や思いについての内容をグループで発表し合いましょう。

2．グループでは、この事例の課題の解決に向けた話し合いをする場合、「話し合いのためのチェックリスト」のどの項目を「話し合いの視点」に選びますか？（複数選択は可能）

3．2で選んだ「話し合いの視点」から、この事例の課題解決のための「話し合いの目的」を考えましょう。

4．この事例のなかで「職業人としてやってはいけないこと」があるとすれば、どのようなことが考えられるかを話し合いましょう。

　この研修では、職場の課題について「心理的安全性」を保ちながら、話し合う体験をすることを一番のねらいとしています。話し合いで得られた解決策を評価することがねらいではありませんが、実際の職場で話し合う時の参考までに【3．事例のポイント】と【4．事例のまとめ】で効果的な話し合いの視点について解説します。

3．事例のポイント

　この事例を通してあなたは、「日本語の理解もまだ十分でないのに、関西弁でまくしたてられて叱られるサムさんはかわいそう」と思ったでしょうか。逆に「国籍がどうであれ、無断欠勤をしたサムさんは、職場の人たちに迷惑をかけたので皆に謝るのは当然だ」と思ったでしょうか。あるいは、「標準語でゆっくり話してあげない田畑さんは、外国人に対して思いやりのない先輩だ」と思ったでしょうか。

　事例8の情報に限られるとそう思うかもしれません。一方、田畑さんは、多忙ななかで日本語の理解が十分でないサムさんに教えなければならないことが多く、

忙しさもあいまってイライラしているのかもしれません。あるいは、職場の上司が
サムさんの指導を田畑さんに任せきりにして、負担が蓄積してしまっているのかも
しれません。また、サムさんは日本語の方言が理解できないだけでなく、日本の職
場のマナーについても理解が不十分なのかもしれません。平均年齢が若く、働き手
となる人口が多い国や、文化的に時間に寛容な国は、当日欠勤する時に連絡する習
慣がないこともあります。

　それぞれの登場人物の言い分に耳を傾けてみると、隠れていた職場や組織の課題
が見えてくることもあります。登場人物の個人の課題という視点ではなく、職場や
組織の課題として捉え、考えてみましょう。

４．事例のまとめ

１．効果的な話し合いのコツ：事例の問題を別の角度から考える

　サムさんが利用者への生活支援のなかで、スタッフの指示に素早く正しい対応が
できなかったり、欠勤する時に職場に連絡しなかったことは事実です。そのことで、
職場のメンバーに心配や負担をかけてしまいました。一方、サムさんはそもそも関
西弁や、日本の職場の常識を理解しておらず、質問や意見することにためらいが
あったために今回のようなことが起きたのかもしれません。つまり、どのような背
景があって、外国人スタッフが失敗をしたのかということを、しっかりと確認する
必要があります。背景に言葉の理解の問題があったのか、仕事への理解の問題が
あったのかを切り分けたうえで指導することが大切です。

　また、この事例で忘れてはならないのが、外国人スタッフの来日した理由はそれ
ぞれですが、少なくとも日本での仕事や新しい生活に期待して入職してきたはずだ
ということです。よほどの理由がない限り、悪いイメージをもつ国をわざわざ選ん
で、働きに来る外国人はいないでしょう。言語も十分理解できず、文化や習慣も異
なる、家族も友人もいない土地で暮らしながら仕事をすることの大変さは、想像に
難くないでしょう。介護職として日々、懸命に努力しているのです。そのようなな
か、仕事での失敗を皆の前で叱られ、謝ることを強いられたサムさんはきっと傷つ
いたことでしょう。日本で頑張ろうと奮い立たせていたサムさんの心が、くじけて
しまうかもしれません。

　利用者の安全・安心・安楽といったケアの方針を大事にするとともに、快適な職
場づくりという点で、サムさんのような新しく入職した外国人スタッフの状況を理

解し、共感することが必要です。そして、職場で不安を抱くことなく、気軽に質問したり、率直な意見を述べることができるよう、また失敗から学ぶことの大切さを理解してもらえるよう、努める必要もあります。

　もしも職場が非常に忙しく、外国人スタッフに丁寧な説明や指導ができない状況であれば、職場のメンバーでどのように協力すれば、丁寧な説明や指導ができるかについて、対策を練る必要があります。これらのことを踏まえ、登場人物の個人の課題という視点ではなく、職場や組織の課題としてこの事例について考えてみましょう。

２．適切な職業人としての対応

　サムさんが、仕事上で田畑さんの指示に素早く、正しい対応ができなかったり、無断欠勤をしてしまい、職場のメンバーに負担や迷惑をかけたことは事実です。しかし、そのことで「○○から来た○○人はだめだ」といったマイナスの烙印を押して、決めつけてしまうことは控えるべきです。もし、海外のある職場で一人の日本人が失敗をしたからといって、すべての日本人が同じような失敗をするはずがないことは明らかです。

　無断欠勤をしたサムさんの行為は、組織の一員としては非難されることかもしれません。しかし、失敗から学ぶという点もサムさんに伝える必要があります。サムさんを指導する役割の管理職は、丁寧な説明を心がけることが望まれます。管理職自身も、間違いや失敗をすることがあるということを前置きで伝えたうえで、突然欠勤すると、人手不足から、利用者に迷惑をかけたり、不自由な思いをさせてしまったりするため、そうならないよう人手を確保するために慌ただしく調整をしなければならないことをわかりやすく説明します。そのうえで、できるだけ利用者に迷惑や不自由をかけないために、仕事を休む時は必ず職場に電話連絡をするよう協力を要請します。

　また、この事例では、田畑さんは無断欠勤をしたサムさんに対して、職場のメンバーに詫びるように伝えていました。ここで、もし、サムさんに求めるのであれば、無断欠勤した際にサムさんに代わって仕事をしてくれたことに対して「みなさんに、ありがとうとお礼を言いませんか」と、肯定的な視点から促すほうが、サムさんも職場のメンバーも受け入れやすいでしょう。

　外国人に限らず、このような仕事での声かけや同僚や上司との関係は、仕事に関連する考えや感情を気兼ねなく職場や組織の人々に発言できる職場の雰囲気（心理

的安全性）を高めます⁵⁹⁾。サムさんも慣れない仕事をするなかで心が折れそうな時も、同僚や上司からの言葉に救われることもあるでしょう。

　これらを踏まえ、職場内研修でのグループ作業ではメンバー間で話し合い、「話し合いのためのチェックリスト」から「話し合いの視点」を選択するとよいでしょう。

コラム8　多文化・異文化理解

　あなたは職場で外国人介護職と一緒に働いた経験はありますか。介護現場ではここ数年、外国人介護職が急速に増えています。筆者らが行った30か所の介護事業所を対象にした調査では[*1]、36％の介護職・看護職が、自分の施設で外国人介護職が働いていると回答しています。一方、外国人を受け入れていない施設の介護職・看護職は、受け入れに対して消極的で不安も高く、受け入れている施設の介護職・看護職に比べ、外国人介護職の受け入れに対し「非常に・かなり不安」と回答した割合は2倍以上で、積極的な受け入れへの期待について「全くない」と回答した割合も2倍以上でした。

　介護施設の多くは、外国人が日本の介護施設の職場になじむために、日本語とともに文化や風習を理解してもらいたいと考えるようです。しかし、介護職・看護職に、外国人を受け入れる施設の現在の体制や支援の具体的な内容として日本語の支援体制や宗教生活全般の相談窓口など7項目の有無について尋ねたところ、日本語の支援体制（24％）、次いで特定の宗教を信じる人たちの礼拝のための場所や時間の確保（19％）、そして外国人職員向けの医療や生活全般の相談窓口（17％）が順に多い一方で、いずれも2割前後に留まっていました。また、外国人を受け入れる施設の体制や支援の現状そのものについて、「わからない」との回答が半数前後を占めていました[*1]。外国人の受け入れの体制や支援はまだまだ不十分なのです。

　一方、外国人介護職を対象にした調査では[*2]、日本に来て介護の仕事を始めた理由で最も多かったのは、日本で働くことへの興味・関心でした。つまり、若者ゆえの好奇心から外国である日本に来てみたいと考え、来日した人が多いのです。そして、日本に来て介護の仕事をするなかで大変だったことは、多い順に、コミュニケーション、日本の文化や食事、そして季節や環境への適応、という回答でした。なかでもコミュニケーションについては、日本語が難しく、日本語学校で学んだ標準語と異

なる地方の方言がわからないことや、いくつかの表現が誤解を生みやすいことがあるようです。例えば「すみません」は、「ごめんなさい」というお詫びの意味だけでなく、「ありがとう」という感謝の意味でも使います。また「いいです」は「要ります」と「要りません」の両方の意味で使うため、混乱や誤解を招きやすいようです。そのため丁寧なわかりやすい標準語の日本語を使う必要があります。

　社会的な背景や文化・風習の違いが原因で、施設側も外国人も双方で戸惑うこともあります。筆者が聞いた話では、外国人の出身国のなかには国民の平均年齢が非常に若く、高齢者があまりいないことから、介護福祉士の養成学校で「こんな多くのお年寄りを見たことがない」と言う学生がいたようです。一方で、若い働き手が多い自国では当日欠勤する際に電話連絡する習慣があまりないために、無断欠勤をする外国人に対して、施設側が戸惑うこともあるようです。

　このように、外国人と一緒に働くなかで「おや？」と思うことがあるかもしれません。一方で、外国人介護職と働くことは、人材不足の解消だけでなく、「素直でよく働く」「日本人よりまじめで一生懸命」「努力を惜しまない」といった人柄や姿勢の評価に加え、「自分たちの刺激や学びになる」など、ほかのスタッフや職場にも良い影響を与えるという声も聞かれました[2]。また、外国人を受け入れる静岡県の施設の利用者の8割以上が、外国人の介護サービスに満足し、好意的だとの回答が報告されています[3]。また、利用者からの評判で悪い影響は皆無であったとも報告されています[4]。

　共に働く仲間として、外国人の文化を理解することで、互いの考えや心のうちが理解でき、働きやすさにつながります。外国人スタッフとともに、快適に働くためには、互いの国や文化・風習を理解することが大切なのです。　　　　　　（富永真己）

＊1　富永真己・田中真佐恵・矢吹知之・中西三春「高齢者介護施設のケア従事者における外国人介護職の受け入れへの期待と不安の実態」『厚生の指標』第68巻第12号，pp.1-8，2021年

＊2　富永真己「高齢者介護施設の労働者の共生と快適職場づくりのための調査：調査報告書（2019年度・2020年度）」pp.1-11，2021年

＊3　静岡県福祉長寿局介護保険課「令和2年度外国人介護職員の就労状況調査の結果報告」pp.1-5，2021年

＊4　安里和晃「外国人労働者の参入をめぐる介護・看護マンパワーの不足と偏在　インドネシア人看護師らの現状と抱える問題　看護・介護部門における人材育成型受け入れの問題点　経済連携協定の事例から」『保健医療社会学論集』第21巻第2号，pp.53-64，2011年

事例 9　外国人スタッフの文化にかかわる習慣への対応 ⬇DL

登場人物　外国人介護職の程さん、介護職の吉岡さん、
　　　　　　　介護主任の堀田さん

　中国人の程さんは、日本の高齢者施設の介護職として働き始めて3か月になります。程さんは時々、香りの強い香水をつけて出勤することがありました。そのため「部屋に香りが残る」と、利用者の家族から苦情がきてしまいました。朝礼の時、介護主任の堀田さんは、他のメンバーの前で程さんに「職場に香水をつけてくるなんてありえないですよ。今後は絶対に香水はつけてこないでください」と強い口調で注意しました。それ以降、程さんは「怖い、厳しい」といって介護主任の堀田さんを避けるようになりました。

　翌週、程さんとシフトで一緒になった介護職の吉岡さんは、程さんから強いニンニクのにおいがすることに気がつきました。さりげなく、昨日の夕食の話をして程さんの食べたものを尋ねたところ、程さんは「水餃子」と答えました。そして程さんの故郷では、生のニンニクを水餃子に盛って食べるということを楽しそうに話しました。吉岡さんは、ニンニクのにおいのことはあえて程さんに注意しませんでした。

　介護職の吉岡さんは、別の日に程さんと二人きりになった時に、自分もニンニク料理が好きなこと、しかしにおいは翌日に残り、利用者や周りのスタッフからもいやがられるため、ニンニク料理は翌日が休みの時にだけ食べるように工夫していることを話しました。

　3日後、程さんからまたニンニクのにおいがしたので尋ねてみたところ、昨夜、生のニンニクを載せて水餃子を食べたことを教えてくれました。介護職の吉岡さんは、ニンニクのにおいがしてしまうことを伝え、におわないニンニクも売っていること、ニンニクなどの強いにおいがする料理は、翌日が休みの時に食べると、誰にも文句を言われないことを伝えました。程さんは「参考にします」と笑顔で答えました。

1．個人作業

1．あなたが程さんであれば、どのような思いや、どのような背景があると考えますか？

2．あなたが吉岡さんであれば、どのように思い、どのように対応しますか？

3．あなたが介護主任の堀田さんであれば、どのように思い、どのように対応しますか？

2．グループ作業

「話し合いの4つのルール」を守りながら話し合いましょう。

●話し合いの4つのルール

```
1．最後まで耳を傾け、ひとまず受け入れる
2．人と異なる意見は、「私は」で話し始める
3．話してくれたことに感謝し、敬意を払う
4．わからないことは質問する
```

1．個人作業で考えた登場人物の背景や思いについての内容をグループで発表し合いましょう。

2．グループでは、この事例の課題の解決に向けた話し合いをする場合、「話し合いのためのチェックリスト」のどの項目を「話し合いの視点」に選びますか？（複数選択は可能）

3．2で選んだ「話し合いの視点」から、この事例の課題解決のための「話し合いの目的」を考えましょう。

4．この事例のなかで「職業人としてやってはいけないこと」があるとすれば、どのようなことが考えられるかを話し合いましょう。

　この研修では、職場の課題について「心理的安全性」を保ちながら、話し合う体験をすることを一番のねらいとしています。話し合いで得られた解決策を評価することがねらいではありませんが、実際の職場で話し合う時の参考までに【3．事例のポイント】と【4．事例のまとめ】で効果的な話し合いの視点について解説します。

３．事例のポイント

　この事例を通してあなたは、「介護現場に香水をつけてきたり、ニンニクのにおいをさせても気にしないなんて、程さんは常識がない」と思ったでしょうか。あるいは、「文化や習慣の違いで日本人ほどににおいが気にならないことを、理解してあげてもよいのではないか」と思ったでしょうか。また、「吉岡さんの注意の仕方は、遠回しすぎて、程さんには伝わっていないので、もう少し直接的に伝えないといけない」と思ったでしょうか。また、「介護主任の堀田さんは、みんなの前で程さんを注意するとは配慮がない人だ」と思ったでしょうか。

　事例９の情報に限られると、確かにそう思うかもしれません。しかし、香水をつけて職場に来てはいけないというのは、この職場の方針のようですが、食事（ここではニンニクのにおい）については、はっきりしたルールはなさそうです。吉岡さんは程さんが否定的に受け取らないよう遠回しに伝えて、改善してもらおうとしたのかもしれません。しかし、うまく伝わらないようです。介護主任の堀田さんは、職場の他のメンバーが程さんの真似をして香水をつけてこないよう、皆の前で伝えたのかもしれません。

　それぞれの登場人物の背景について考えてみると、それぞれの事情や考えがあり、その気持ちや意図は理解できます。個々の登場人物の心情といった視点はもちろん大切ではありますが、ここでは、職場や組織の課題として捉え、考えてみましょう。

４．事例のまとめ

１．効果的な話し合いのコツ：事例の問題を別の角度から考える

　この事例では、時々ニンニクのにおいをさせて仕事をする外国人スタッフの程さんについて、職場のルール違反ではないけれど、礼儀として改善してほしいと吉岡さんは思っています。しかし、遠回しな言い方をしたために、十分には伝わっていないようです。背景に、指摘をした場合に程さんが自分の故郷の食習慣や文化を否定されたと誤解してしまうのではないかといった不安や心配があるのかもしれません。

　異なる視点からこの事例を捉えると、不快なにおいについて、より率直に伝えなければ、利用者や家族が外国人スタッフの程さんに直接、あるいは事業所を通して苦情を伝える可能性があるでしょう。つまり、いずれは程さんに指摘して改善して

第5章　やってみよう！「心理的安全性」を保ち、「効果的な話し合い」を学ぶ職場内研修

もらわなければならない状況になるでしょう。また、ニンニクの不快なにおいを避けるため、職場のメンバーが程さんと物理的に距離をとろうとするかもしれません。その場合、程さんは自分が職場のメンバーに避けられていると感じながらも、理由がわからないままになってしまいます。

　程さんをともに仕事をする仲間として受け入れているのであれば、日本人スタッフに対して指摘するように、程さんにも伝える必要があるでしょう。その際には、食文化や風習といった異文化を含めて理解を示す一方で、日本文化や風習、礼儀も理解してもらう必要があります。そのうえで、日本で生活してきた利用者とその家族が不快に思う状況については、介護職として配慮することの大切さを伝え、協力してもらうことが望ましいでしょう。

２．適切な職業人としての対応

　香水やニンニクのにおいも含め、利用者にとって不快なふるまいは改善することが、職場の目標やルールとしてあるのであれば、程さんには職場のルールを理解して、守ってもらう必要があります。しかし、程さんの故郷での食習慣や文化について、日本と異なることを理由に否定したり、軽蔑するようなことは、絶対にあってはなりません。また、今回のことで「○○から来た○○人はだめだ」といったマイナスの烙印を押して、決めつけてしまうことは控えるべきです。

　同じ日本人同士でも、生まれ育った地域が異なれば、食文化も習慣も異なります。食習慣をはじめ文化の違いを話し、笑い合いながらも認め合えるような関係こそ、互いの文化を受け入れているといえるでしょう。このことは、職場のメンバーが協力して仕事をするうえでも大切です。利用者の安全・安心・安楽といったケアの方針や生活の質を大切にするだけでなく、働く人にとっての快適な職場づくりという点でも、職場の多様なメンバーが、互いに信頼し、敬意を払い、失敗から学びながら成長することができるような職場環境であることが必要です。

　これらを踏まえ、職場内研修でのグループ作業ではメンバー間で話し合い、「話し合いのためのチェックリスト」から「話し合いの視点」を選択するとよいでしょう。

コラム9　アサーティブ・コミュニケーション

　職場でニンニクのにおいをぷんぷんさせている同僚が、利用者の部屋で生活援助をしていることに気づいたら、あなたはどうしますか。

　気になるけれど黙ったままでいますか。それとも叱りますか。その場では何も言わず、後で職場の他のスタッフに「ニンニクのにおいをぷんぷんさせて利用者の部屋で仕事をしていた」と伝えますか。互いに気分を害することなく伝えることは難しいものです。

　自分の気持ちと考えを大切にしながら、相手の気持ちや考えも尊重する伝え方として、「アサーティブ・コミュニケーション」という方法があります。アサーション（assertion）とは互いが率直に、素直に、正直に自分の気持ちを伝え合い、聴き合うという意味です。意見の違いが生まれるのは当然のこととして、互いが共有できる点を見つけるのです。アサーションを意識して、職場で伝え方を少し工夫するだけで、誤解やトラブルが起こりにくくなります。職場で実践するための工夫を紹介します。

1　「私は」で伝える

　「あなたは」で伝えると相手を責めるような表現になりがちです。一方、「私は○○と思う」と、自分を主語にして話すと自分の気持ちや感情が伝わるため、相手は聞こうとする気持ちになります。注意や指導をするときは「私は」で伝えると、受け入れやすくなります。

例　利用者の着替えを取りに行って、ずいぶんと時間がかかって戻ってきた同僚に
　　「（あなたは）戻ってくるのが遅かったけど、なぜそんなに時間がかかったの？」
　　「（私は）戻ってくるのが遅かったので、心配したよ」

例　カンファレンスの時間になっても、仕事に手間どって時間に遅れてきたスタッフに
　　「カンファレンスの時間に間に合わないなら、（あなたは）伝えないといけないでしょ」
　　「カンファレンスの時間に間に合わないなら、（私は）声をかけてもらえると助かるわ」

2　気をつけたい言葉を知る

　相手を責めるような「なぜ」「どうして」は誤解を招くこともあるので注意が必要です。「なぜ」の表現を使わずに、「私は理由（いきさつ）を知りたいので聞かせてください」と伝えると、相手も答えやすいでしょう。また、「当然」「当たり前」「すべき」「はずだ」といった表現は「自分の答えは正しい」「相手を思い通りに動かしたい」など攻撃的に聞こえてしまいます。

●避けたい言い方

- ・相手を責めるような言い方
- ・相手の話を遮るような言い方
- ・結論を決めつけるような言い方

3　肯定的な見方をうまく取り入れる

　ものごとの否定的な点（短所）と肯定的な点（長所）は裏表になっています。否定的な点ばかりでなく、肯定的な点にも目を向けると、自分も相手もほめることができるでしょう。特に、注意する時に成長を後押しするためには、肯定的な点にも目を向けて指導すると効果的です。

●否定的と肯定的な裏表の表現の例

- ・臆病　↔　用心深い
- ・神経質　↔　よく気がつく
- ・おせっかい　↔　愛情深い
- ・作業が遅い　↔　慎重
- ・気が小さい　↔　注意深い

- ・気分屋　↔　感情豊か
- ・おっちょこちょい　↔　活動的
- ・軽率　↔　行動が早い
- ・ぼんやり　↔　のんびり

（富永真己）

＊平木典子『アサーション・トレーニング＝ ASSERTION TRAINING──さわやかな＜自己表現＞のために 3 訂版』日本・精神技術研究所，2021年
＊平木典子『よくわかるアサーション　自分の気持ちの伝え方──自分も相手も大切にする，気持ちのよい自己表現』主婦の友社，2013年

第 6 章

職場を元気にする
リーダーシップ

1 信頼し合えるチームづくり

　職場では問題は起こるものです。その問題にはメンバー個人や、職場、組織といったさまざまな事情が絡み合っています。一方、高齢者介護の仕事では、一人ひとりがチームで協働して利用者への生活支援を行いますが、職場ではいつも誰もが仲良くやっていけるとは限りません。職種や職位が異なる人たちの意見がぶつかり合うこともあるでしょう。特に職員の年齢や学び、資格やキャリアなどの背景がさまざまな介護事業所では、考えや意見の違いが鮮明に出てくることもあります。そして職場のメンバーの個人的な感情の対立によって、大切な情報の共有ができないこともあるかもしれません。

　このような職場のメンバーの考えや意見の違い、感情の対立などが原因で、大切な情報の共有ができなくなると、仕事での失敗を繰り返し、事故を引き起こすことにつながりかねません。しかし、さらに危険なのは何も言わない「沈黙」でしょう。なぜなら、そのような考えや意見の違い、感情の対立によって大切な情報の共有ができなくなっていることすら、隠されてしまうからです。そのため解決に向けた「話し合い」が重要なのです。そして、仕事に関連する考えや感情を気兼ねなく職場や組織の人々に発言できる雰囲気（心理的安全性）は、話し合いの土台として不可欠であるといえます。

　本書では、介護事業所における心理的安全性を保ちながら、「効果的な話し合い」を行うコツを事例とともに紹介してきました。もちろん、「心理的安全性」は人間関係を含む職場環境の課題を解決する万能薬ではありません。また、職場で思うことを何もかも正直に伝えたり、質問をしたりすることは、時間を無駄にし、効率的でないと思う人もいるかもしれません。

　しかし、対立した意見を述べても、その意見に関心を示し、熱心に耳を傾けて話を聴いてもらえると、多くの人は「敬意を払ってもらった」と捉えます。職場のメンバーから敬意を払われたり、共感されることは、相手から信頼されているという気持ちにつながります。このような職場のメンバー間の信頼は、さらに心理的安全性を保つことにつながるのです。本書で提案する職場内研修を通して、このような雰囲気での話し合いを実際に経験すると、研修参加者は職場でも心理的安全性を意識するようになるでしょう。そして、人の話を遮って発言するといったコミュニ

ケーションの姿勢も、少しずつ変わるでしょう。

　介護事業所でのこのような信頼し合えるチームづくりを目指し、心理的安全性を高めるために、職場のメンバーが留意すべき点は表12のとおりです。

表12●心理的安全性を高めるための留意点

心がまえ	理由	言動・行動	返す言葉
1　誰でも失敗はする	失敗から学ぶことが大事	失敗について話す 素直に謝る 質問する 意見を求める 支援を求める 提案する	「ありがとう」 「お互いさま」
2　わからないこと、知らないことがあるのは恥ではない	わからない、知らないは学ぶための気づき		
3　意見や考えを言わない「沈黙」こそ危険	意見や考えの違いを知ることから相互理解が始まる		

資料：エイミー・C・エドモンドソン、野津智子訳『恐れのない組織――「心理的安全性」が学習・イノベーション・成長をもたらす』英治出版、2021年を参考に筆者作成

　留意点のなかでも大切な位置づけにあるのが、心がまえの3点です。その1点目は、仕事では「誰でも失敗はする」という点です。仕事で失敗しない人はいません。失敗してもよい、ただしその失敗からどうすれば学ぶことができるかを考え、積極的に学ぶことが大事なのです。2点目は、「わからないこと、知らないことがあるのは恥ではない」という点です。仕事で学ぶためには、まずは自分のわからないこと、知らない状況に気づかなければなりません。わからないこと、知らないことがあるのは当たり前です。恥ではなく、学ぶための気づきであり、そこから学ぶことが大事なのです。心がまえの3点目は、職場で「意見や考えを言わない『沈黙』こそ危険」だという点です。なぜなら問題があるということすら、隠されてしまうからです。介護事業所では年齢や背景が異なるさまざまな人が働いているため、価値観やものの見方が違うのは当然です。意見や考えの違いを知ることから互いについての理解が始まるのです。

　この心がまえの3点を浸透させるために、職場のメンバー同士の単純な言葉かけや行動を、日頃から心がけるようにしましょう。このことは、職場の心理的安全性を育むことにつながります。例えば、失敗について話す、「申し訳ありません」と素直に謝る、「わかりません」と質問する、「意見を聞かせてください」と意見を求める、「手助けが必要です」と支援を求める、「アイデアがあります」と提案する

といったことです。

　そして、これらに対して返す言葉として、「お互いさま」と「ありがとう」の２つは仕事で失敗したり、質問したり、意見したり、支援を求めたりした時に、その人の気持ちを汲む万能ともいえる言葉です。職場でのあいさつと同様にぜひ、積極的に使ってみてください。

2 よい循環をつくるための リーダーの役割

　職場や組織ではその人の立場にかかわらず、一人ひとりの言葉や行動が、今の職場や組織の雰囲気をつくりだしています。このことから、本書では介護事業所のリーダーや主任といった管理職に導かれるまでもなく、スタッフ一人ひとりが心理的安全性を保ちながら、効果的な話し合いができることを目指し、介護事業所の身近な人間関係にまつわる事例を用いた職場内研修を提案しています。

　とはいえ、管理職の影響力は大きく、そのちょっとした言葉や行動が、仕事に関連する考えや感情を気兼ねなく職場や組織の人々に発言できる雰囲気（心理的安全性）に強く影響します。もし、本書を手に取っているあなたが管理職で、自分が働く介護事業所の職場の心理的安全性はどの程度なのだろうと疑問に思ったら、「心理的安全性をチェックするための7つの質問項目」（表13）で確認してみるのもよいと思います。これはあくまでも一つの手段ですが、自分たちの職場には、仕事に関連する考えや感情を気兼ねなく職場や組織の人々に発言できる雰囲気が、どの程度あるかを客観的に把握することができます。

　もし、あなたがリーダーや主任、部長といった管理職で、職場の心理的安全性の現状を把握したならば、すでに快適な職場づくりが始まっているといえます。心理的安全性は、職場を運営する管理職のあなたが生みだし、また生みだすことが必要なものです。快適な職場環境づくりに対して、関心や好奇心をすでにもっているなら、あとは熱意と思いやりをもって、行動するだけです。

　ここで注意しなければならないのは、仕事に関連する考えや感情を気兼ねなく職場や組織の人々に発言できる雰囲気は、本書の職場内研修を一度だけ実施して、すぐにつくれてしまうような簡単なものではないということです。職場や組織の風土は一定の歳月を経て、積み重ねてできたものです。そのため短期間で簡単に変えることができるものではありません。地道に行動を積み重ねることで、新しい風土が職場や組織に浸透して次第に育まれていきます。

　また、そのような職場や組織の風土は、個人が一人で頑張ってつくることができるものでもありません。職場のメンバーが互いに協力してつくり上げていくものです。一方、第1章(p.7～8)で紹介した看護師のAさんの上司であるBさんのように、職場で問題が起こった時に発揮される管理職のリーダーシップ（統率力）は、

表13 ●職場の心理的安全性をチェックするための7つの質問項目

①このチーム（部署）でミスをしたら、決まってとがめられる
1 非常にそう思う　　　　2　　3　　　4 どちらでもない　　　5　　6　　　7 全くそう思わない
②このチーム（部署）では、メンバーが困難や難題を提起することができる
1 全くそう思わない　　　2　　3　　　4 どちらでもない　　　5　　6　　　7 非常にそう思う
③このチーム（部署）のメンバーは、他と違っていることを認めない
1 非常にそう思う　　　　2　　3　　　4 どちらでもない　　　5　　6　　　7 全くそう思わない
④このチーム（部署）では、安心してリスクをとることができる
1 全くそう思わない　　　2　　3　　　4 どちらでもない　　　5　　6　　　7 非常にそう思う
⑤このチーム（部署）のメンバーには支援を求めにくい
1 非常にそう思う　　　　2　　3　　　4 どちらでもない　　　5　　6　　　7 全くそう思わない
⑥このチーム（部署）には、私の努力を踏みにじるような行動を故意にするメンバーは誰もいない
1 全くそう思わない　　　2　　3　　　4 どちらでもない　　　5　　6　　　7 非常にそう思う
⑦このチーム（部署）のメンバーと仕事をする時には、私ならではのスキルと能力が高く評価され、活用されている
1 全くそう思わない　　　2　　3　　　4 どちらでもない　　　5　　6　　　7 非常にそう思う

注：7つの質問について、それぞれ当てはまる回答の番号に〇をつけて、番号を点数として合計する。
合計点数が高いほうが、心理的安全性が高い職場であることを意味する。スタッフに定期的に評価してもらい、経時的に点数を評価すると職場の「心理的安全性」の状況が客観的に把握できる。

資料：Tominaga, M., Nakanishi, M., *Factors related to turnover intentions and work-related injuries and accidents among professional caregivers : a cross-sectional quetionnaire study*, Environ Health Prev Med, 2020. 25（1）: p.24を参考に筆者作成

心理的安全性を保つための大きな力となります。管理職のその力によって、職場のメンバーは安心して意見することができます。自信があまりない時も意見することができるため、いろいろな場面で心地よく話せるようになるでしょう。このような体験を重ねることで、職場に心理的安全性が浸透し、広がっていくのです。

　職場で心理的安全性を保つためには、第2章でも紹介した管理職の務めの3点（p.14参照）を、リーダーや主任、部長といった管理職が、意識して実践していくことが望まれます。つまり、心理的安全性を保つための「土台づくり（職場の問題について共通の目的と認識をもち、枠組みをはっきりさせる）」「参加しやすい話し合いの場づくり（お互いに信頼し、敬意を払い、傾聴し、発言し、質問できる話し合いの場をつくる）」「適切な職業人としての対応（失敗から学び、発言に感謝し、

職業人としてやってはいけないことや違反については、毅然と対応する)」を、実践することです。

　本書で提案する職場内研修は、これらの3点を考慮した内容となっています。心理的安全性を保ちながら、効果的な話し合いのコツとして、特に職場や組織の視点から課題を捉えることを、話し合いを通して理解してもらう内容です。職場での話し合いは、現場をよく知る人たちがその声を届け、共有する機会となります。職場や仕事の現状、問題点だけでなく、解決策やよりよい働き方の提案に至るまで、現場の視点を抜きにすることはできません。そのため、職場のさまざまな立場の人がともに考え、新しいことをつくりだす、すなわち共創的な話し合いは、職場や組織においてとても有意義なものとなります。

　このような職場における課題の解決だけでなく、メンバーが団結し、よりよい仕事や働き方など新しい提案をしやすくする「効果的な話し合い」を管理職が目指す場合は、そのリーダーシップ（統率力）の発揮がまさに求められるでしょう。管理職が常に上意下達の独裁者のようなふるまいをしたり、スタッフと話すことすらできないくらい忙しかったり、管理職が自身の課題や弱さを認められなかったりすると、リーダーシップの効果を期待することは難しいでしょう。

　最後に、心理的安全性を高め、共創的な話し合いを職場で実践するための、リーダーシップを発揮するための行動について、エドモンドソンの著書を参考に、表14の8点を挙げます。ぜひ、できることから実践してみてください。

　介護事業所に限らず多くの職場では、意見を言わないほうがはっきり意見を言うよりも、楽であり、安全だと思われがちです。しかし、心理的安全性を高め、共創的な話し合いを目指す管理職であれば、職場での意見の衝突は、新しい発見や理解、メンバー間の信頼や尊敬を築く機会になることをメンバーに伝え、沈黙の文化を変えていかなければなりません。

　職場の心理的安全性は、メンバーが自然と仲良くなることや、ただ居心地がよい状況を指すものではありません。また、自分の思いのまま感情を職場の人たちにぶつけることでも、ため口で話すことでもありません。メンバー間の結束力は大切ですが、必ずしも強い結束力がなければならないというものでもありません。強すぎると違う視点や考えをもつ人を排除してしまう可能性があるためです。これらのことを、職場のメンバーに丁寧に伝えていく必要があります。

　心理的安全性が保たれた職場では、誰もが安心してわからないことを質問し、失

表14 ●リーダーシップを発揮するための8つの行動

> **1 直接、話のできる、親しみやすい人になる**
> 職場のメンバーに個人として、直接、話をしてかかわりましょう。このことは、互い
> に仕事を通して学ぶことを促します。
>
> **2 現在もっている知識の限界を認める**
> 管理職である自分にも知らないことがあることを謙虚に誠実に伝えましょう。メン
> バーにも謙虚で誠実な姿勢を促すことにつながります。
>
> **3 自分もよく間違えることを積極的に示す**
> 管理職がメンバーに「自分もよく間違えることがある」と伝えましょう。失敗に対し
> て寛容であることを示すことにつながります。
>
> **4 参加を促す**
> 職場のメンバーがもっと積極的に意見を言えるよう、メンバーの一人ひとりの意見が
> 大切であることを伝えましょう。
>
> **5 失敗は学ぶ機会であることを強調する**
> 一生懸命にやってみたけれど、仕事がうまくいかなかったり、失敗した場合は、叱る
> よりもその失敗を受け入れて、向き合い、そこから学ぶことを促しましょう。
>
> **6 具体的な言葉を使う**
> 職場のメンバーに具体的ですぐに行動に移すことができるような言葉を使いましょう。
> そうすることで、率直な話し合いができ、よりいっそう、学ぶことができるようにな
> ります。
>
> **7 境界を設ける**
> 望ましいことと望ましくないこと、できることとできないこと、やってよいこととやっ
> てはいけないこと、といった境界をできるだけはっきりと示しましょう。曖昧で、わ
> かりづらい場合よりも、職場のメンバーは心理的安全性を感じることができます。
>
> **8 境界を越えたことについては責任を負ってもらう**
> 仕事で望ましくないこと、やってはいけないこと、といったあらかじめ示された境界
> を越えてルール違反をしてしまった場合は、適切で一貫した方法でメンバーに責任を
> 負ってもらうことも必要です。特に介護事業所では利用者への暴力をはじめ、倫理的
> に課題のあるふるまいには毅然とした対応をとることが必要です。

資料：エイミー・C・エドモンドソン、野津智子訳『チームが機能するとはどういうことか──「学
習力」と「実行力」を高める実践アプローチ』英治出版、2014およびエイミー・C・エドモンドソン、
野津智子訳『恐れのない組織──「心理的安全性」が学習・イノベーション・成長をもたらす』英治
出版、2021年を参考に筆者作成

敗をしても隠さずに報告することができるため、活発な意見交換ができます。この
ことは、職場の風通しをよくし、仕事に集中できる環境をつくります。また、コン
プライアンス（組織の規則や社会で守られているルールを守ること）を高め、メン
バーの仕事への満足度や仕事ぶりの改善も期待できます。何よりも介護事業所の職

場や組織の「強みを活かす」ことにつながり、メンバーは気持ちよく、活き活きと元気に働くことができるでしょう。そのことで、あなたが働く介護事業所の利用者に提供する生活支援やケアにもよい影響を与えることでしょう。つまり、よい循環が起こります。だからこそ、失敗から学ぶ職場を目指す価値があるのです。本書を手にした関心や好奇心に留まることなく、あなたの職場で働く人たちの快適な職場づくりを目指し、熱意と思いやりをもって、ぜひ行動に移してみてください。

引用文献

1) エイミー・C・エドモンドソン、野津智子訳『チームが機能するとはどういうことか―「学習力」と「実行力」を高める実践アプローチ』、p.153、英治出版、2014 年

2) 内閣府『令和 3 年版高齢社会白書（全体版）』p.3、2022 年

3) 日本介護福祉士養成施設協会『令和 3 年度介護福祉士養成施設の入学定員充足度状況等に関する調査』介護福祉士養成施設への入学者数と外国人留学生（平成 29 年度から令和 3 年度）、2022 年

4) 介護労働安定センター『令和 2 年度「介護労働実態調査」結果の概要について』p.2，2021 年

5) 介護労働安定センター『平成 30 年度介護労働実態調査－介護労働者の就業実態と就業意識調査結果報告書』表Ⅷ-3(4)③、p.117、2019 年

6) 介護労働安定センター『令和元年度介護労働実態調査－介護労働者の就業実態と就業意識調査結果報告書』表Ⅷ-3(4)③、p.123、2020 年

7) 介護労働安定センター『令和 2 年度介護労働実態調査－介護労働者の就業実態と就業意識調査結果報告書』資料編 p.118、2021 年

8) 介護労働安定センター『令和元年度介護労働実態調査－事業所における介護労働実態調査結果報告書』p.110、2020 年

9) 介護労働安定センター『令和 2 年度介護労働実態調査－事業所における介護労働実態調査結果報告書』p.105、2021 年

10) 前出 4)、p.4

11) 前出 4)、p.7

12) 全国老人保健施設協会『介護職の離職後の職場復帰に関する調査研究事業報告書』p.130、2011 年

13) 前出 4)、p.8

14) 前出 7)、p.47

15) 阿部正昭「介護職の職務継続・離職意向と関連要因に関する研究－神奈川県内特別養護老人ホームの介護職を対象とした調査から」『社会論集』第 17 号、pp. 21-42、2011 年

16) 富永真己・中西三春「介護職における就業継続の意向を高める要因　ユニットリーダーへのインタビューによる質的研究」『日本公衆衛生雑誌』第 68 巻第 7 号、pp.468-476、2021 年

17) 同上、pp.468-476

18) 前出 1)、p.153

19) エイミー・C・エドモンドソン、『恐れのない組織：「心理的安全性」が学習・イノベーション・成長をもたらす』p.49、英治出版、2021 年

20) Chughtai, A.A., Buckley, F., *Exploring the impact of trust on research scientists' work engagement : Evidence from Irish science research centres*, Personnel Review, 2013. 42(4) : p.396-421.

21) Rozovsky, J., *The five keys to a successful Google team*, 2015　https://rework.withgoogle.com/blog/five-keys-to-a-successful-google-team/.

22) Ulusoy, N., Fichers, S., et al., *A Matter of Psychological Safety : Commitment and Health in Turkish Immigrant Employees in Germany*, Journal of Cross-Cultural Psychology, 2016. 47(4): pp. 626-645.

23) Singh, B., Winkel, D, E., *Managing diversity at work : does psychological safety hold the key to racial differences in employee performance?* Journal of occupational and organizational psychology, 2013. 86(2): pp.242-63.

24) 前出 19)、pp.222-225

25) 前出 19)、pp.191-208

26) Edmondson, A.C., The *Fearless Organization : Creating Psychological Safety in the Workplace for Learning, Innovation, and Growth*, Wiley, 2018, p.18

27) 加藤善昌「介護労働者の離職行動の抑制のために：内発的動機と企業内ソーシャル・キャピタルの重要性」『人間福祉学研究』第 8 巻第 1 号、pp.87-102、2015 年

28) 前出 12)、p.130

29) 前出 4)、p.8

30) 前出 12)、pp.130-131

31) 前出 5)、p.117

32) 前出 6)、p.123

33) 前出 7)、p.118

34) 前出 16)、pp.468-476

35) 富永真己・中西三春「職場のソーシャル・キャピタルに関わる介護施設の取り組みの実態　4 施設の事例検討」『 摂南大学看護学研究』第 8 巻第 1 号、pp.25-35、2020 年

36) 富永真己・田中真佐恵・中西三春・矢吹知之「高齢者介護施設のケア従事者における外国人介護職の受け入れへの期待と不安の実態」『厚生の指標』第 68 巻第 12 号、p.18、2021 年

37) 富永真己・中西三春「高齢者施設の快適職場づくりをめざすスタッフと管理者のためのガイドBOOK」p.1-20、あさひ高速印刷株式会社、2019 年

38) 富永真己・中西三春「高齢者介護施設における介護職の離職要因の実態 : Healthy Work Organization の概念モデルを用いた質的研究」『労働科学』第 95 巻第 4 号、pp.117-126、2020 年

39) 前出 16)、pp.468-476

40) 前出 16)、pp.468-476

41) 前出 16)、pp.468-476

42) 前出 16)、pp.468-476

43) 前出 35)、pp.25-35

44) 前出 38)、pp.117-126

45) 前出 38)、pp.117-126

46) 前出 38)、pp.117-126

47) 前出 38)、pp.117-126

48) 前出 38)、pp.117-126

49) 前出 16)、pp.468-476

50) 前出 35)、pp.25-35

51) 前出 36)、p.18

52) 前出 37)、pp.1-20

53) 前出 38)、pp. 117-126

54) Tominaga, M., Nakanishi, M. *Factors of feelings of happiness at work among staff in geriatric care facilities*, Geriatr Gerontol Int, 2021. 21(9) : pp. 818-824.

55) Tominaga, M., Nakanishi, M., *Factors related to turnover intentions and work-related injuries and accidents among professional caregivers : a cross-sectional questionnaire study*, Environ Health Prev Med, 2020. 25(1) : p. 24.

56) 前出 1)、p.155

57) 高木春夫・竹内伸一『ケースメソッド教授法 - 理論・技術・演習・ココロ』p.126、慶應義塾大学出版会株式会社、2010 年

58) 同上、p.10

59) May, D.R., Gilson, R.L., Harter, L.M., *The psychological conditions of meaningfulness, safety and availability and the engagement of the human spirit at work*, Journal of Occupational and Organizational Psychology, 2004. 77(1) : p.11-37.

参考文献

● エイミー・C・エドモンドソン、野津智子訳『チームが機能するとはどういうことか―「学習力」と「実行力」を高める実践アプローチ』、英治出版、2014 年

● エイミー・C・エドモンドソン、『恐れのない組織：「心理的安全性」が学習・イノベーション・成長をもたらす』、英治出版、2021 年

● Edmondson, A.C., *The Fearless Organization : Creating Psychological Safety in the Workplace for Learning, Innovation, and Growth*, Wiley, 2018.

● 高木晴夫・竹内伸一『実践！日本型ケースメソッド教育：企業力を鍛える組織学習装置』ダイヤモンド社、2006 年

● 高木春夫・竹内伸一『ケースメソッド教授法 - 理論・技術・演習・ココロ』慶應義塾大学出版会株式会社、2010 年

おわりに

　これまで、仕事を通して多くの介護事業所とかかわる機会をいただきました。しかし、本書のテーマである仕事に関連する考えや感情を気兼ねなく職場や組織の人々に発言できる雰囲気（心理的安全性）について、強く印象に残っている経験はむしろ仕事から離れ、個人的に訪れた介護事業所のものです。

　一つは数年前に訪れたある事業所での出来事です。その事業所の建物に足を踏み入れると、大きな声で容赦なく利用者を罵るスタッフが私の目の前に現れました。その隣にはどんよりとした空気の中、来訪者の私をちらりと見て、無言で作業を続ける別のスタッフ、そして起こっている事態を気にすることもなく私を施設の部屋に招き入れようとする施設長がいました。皆が互いに無関心である様子に、とにかく驚きました。

　もう一つは、職場のメンバーだけでなく、利用者も交えてなんだかんだと声をかけ合い、時には豪快な笑い声も聞かれる、忙しいけれど活気にあふれた様子の事業所でした。最初にこの光景を見て、とにかくほっとしたことを覚えています。この事業所で、２つの印象的な出来事がありました。一つは、忙しそうにしている若い介護職員に、私が急なお願いをした時に、とても気持ちよく丁寧な対応をしてくれたため、お詫びとお礼を伝えました。すると、晴れやかな笑顔で「僕、この仕事が楽しいんです」と返されたことです。もう一つは、別の中堅の介護職員に私が、別の介護職員の丁寧なケアについて感謝の言葉を伝えたところ、「さすがは○○さん、僕も見習って頑張ろう」と、これまた屈託のない笑顔で返されたことです。

　いずれも、私自身が教育者や研究者という立場ではなく、一市民として訪問していたということもあり、２つの事業所の光景は、ふだんの職場の雰囲気をありのままに表していたと思います。前者の事業所は、職場のメンバー同士の会話すらままならないような状況から、心理的安全性が低い職場であることがうかがえます。そして私は、何とも言えない不安を感じました。一方、後者の事業所は、職場のメンバーが自分の仕事への愛着や同僚への敬意を素直に、また率直に言葉にすることから、心理的安全性が高い職場であることがうかがえます。そして、その雰囲気や言葉に、私は深い安堵感に包まれました。

　これらは、介護事業所での職場の心理的安全性が、働く人たちを活き活きと元気

にするだけでなく、利用者や家族へのよい循環にもつながるということを自身の体験から紹介した例です。しかし、何よりも生活時間の大半を職場で「働くこと」に費やすなか、メンバー同士が敬意を払い、信頼し、助け合うことができる心理的安全性の高い職場で働く人は、一日の仕事を終える時、「今日もよく頑張ったよね」「よい仕事をしたよね」と機嫌よく家路につくことができるでしょう。多くの人がそんな日々を重ねることができる雰囲気の職場が、介護事業所にどんどんと増えることを心から願っています。

　最後に、本書の執筆にあたり、その主な情報源である著者らの調査研究にご協力いただきました介護事業所の皆様、そして貴重な気づきの機会を与えてくださったＲ介護老人保健施設の皆様に心から御礼申し上げます。また、本書の刊行にあたりご理解とご支援をいただきました中央法規出版の関係者の皆様、とりわけ第1編集部の須貝牧子様には大変お世話になりました。この場を借りて厚く御礼申し上げます。

2022 年 8 月

富永真己

付録のご案内

◆本書に掲載している9つの事例の映像および研修用資料については、下記より視聴および資料のダウンロードが可能です。なお、本書付録の映像および資料は、著作権法で保護されています。研修以外の目的で使用したり、第三者に譲渡・販売することはできません。

https://www.chuohoki.co.jp/movie/8770/

※直接URLを入力してアクセスしてください。

＜事例の映像＞

事例1 パート職員と正社員の立場の違いによる仕事への意識の違い

事例2 新人の手本となるべき先輩の言葉づかいとふるまい

事例3 仕事のミスが改善しないスタッフの職場での孤立

事例4 認知症の利用者からの暴力への対応

事例5 専門性や業務内容の理解不足から生じる人間関係の軋れき

事例6 利用者への対応についての意見の違いから生じる人間関係の軋れき

事例7 事故発生時の役割の押し付け合いから生じる人間関係の軋れき

事例8 言葉と文化の違いから生じる外国人スタッフと日本人スタッフの誤解

事例9 外国人スタッフの文化にかかわる習慣への対応

＜研修用資料＞

1 職場内研修の企画書の例 [Word]

2 研修用配付資料 [PDF]

　・話し合いの4つのルール（全事例共通）

　・話し合いのためのチェックリスト（全事例共通）

　・事例／個人作業・グループ作業の内容／事例のポイント／事例のまとめ（事例1〜9）

3 研修用音声付スライド [PowerPoint]

4 翻訳版：話し合いの4つのルール／話し合いのためのチェックリスト／事例／個人作業の内容（事例1〜9）[PDF]

　・ベトナム語

　・インドネシア語

　・ネパール語

　・中国語

● 著　者

富永真己 (とみなが　まき)

摂南大学看護学部教授。東京大学大学院医学系研究科博士課程修了。保健学博士、保健師、看護師、精神保健福祉士、労働衛生コンサルタント。公衆衛生看護学、保健社会学、産業保健等を専門とする。病院・介護事業所等の快適職場づくりにかかわるほか、企業の労働衛生コンサルタントとしても活動。

● コラム執筆者 (五十音順)

杉山智子 (すぎやま　ともこ) ･･････････････････････････････････････ コラム2、7
順天堂大学医療看護学部准教授

田中真佐恵 (たなか　まさえ) ･･････････････････････････････････････ コラム5
摂南大学看護学部助教

富永真己 (とみなが　まき) ･･････････････････････････････････････ コラム3、8、9
摂南大学看護学部教授

中西三春 (なかにし　みはる) ･･････････････････････････････････････ コラム4、6
東北大学大学院医学系研究科准教授

矢吹知之 (やぶき　ともゆき) ･･････････････････････････････････････ コラム1
認知症介護研究・研修仙台センター研修部長／東北福祉大学総合福祉学部准教授

介護職が「働き続けたい」と思える職場のつくり方

事例演習で変わる！　介護現場の心理的安全性

2022年 9 月20日　発行

著　　　者　富永真己
発 行 者　荘村明彦
発 行 所　中央法規出版株式会社
　　　　　〒110-0016　東京都台東区台東3-29-1　中央法規ビル
　　　　　TEL 03-6387-3196
　　　　　https://www.chuohoki.co.jp/

装丁・本文デザイン　　澤田かおり（トシキ・ファーブル）
イラスト　　　　　　　藤田侑巳
印刷・製本　　　　　　株式会社太洋社